AF434413

Diseño y diagramación de tapa
Sergio Quiñonez

Nicolás Lithitx
nicolaslithitx@yahoo.com

ISBN 978-99953-2-083-6
Impreso en Paraguay.

A mi papá Walter, que sólo vio mis primeros pasos como periodista.
A Marisa, Jime y Alexia.
A Vir.

A mi tocayo, el Dr. Léoz, un luchador frente a la violencia en el fútbol.

PRÓLOGO

El hecho que un joven aporte material literario sobre fútbol en nuestro país, dada su escasez, es algo de por sí esperanzador, pero si ese joven tiene la inteligencia, la capacidad y el talento de Nicolás, entonces es un acontecimiento de singular importancia en el medio. Lo conocí hace años, me contó lo que había hecho, no era mucho todavía. Lo escuchaba en diferentes medios, con la juventud de sus años pero con la serenidad impropia de los mismos, un rasgo que determinaría probablemente la reflexión de su proyecto.

Tuve la ocasión de tenerlo como compañero de trabajo en el Canal 13 en el programa "TV al Aire", se diferenciaba por prestar atención también al entorno del espectáculo mismo, a lo que rodea a un deporte de la magnitud del fútbol, es por eso que supo ocuparse de ésta traumática verdad de la violencia en los campos del fútbol mundial.

El tema tratado en la obra tiene relevancia no sólo desde la óptica particular del fútbol sino que lo trasciende y es cada vez más materia de estudio de los científicos sociales que buscan determinar las funciones sociales que el fútbol y el deporte general pueden cumplir y que desbordan ampliamente su lúdico carácter de "entretenimiento" para situarse en espacios donde grupos rivales compiten entre sí por el honor, el prestigio y cada vez más, por dinero.

La violencia en el fútbol, tal el objeto de estudio de ésta obra, es uno de los síntomas enfermizos de cada sociedad que se traslada inexorablemente al fútbol desarrollado en ella. Hay otros, como la droga y la corrupción, pero sin dudas es la violencia en las canchas la que lo daña más. El estigma del fútbol moderno, la violencia, es lo que aleja a las familias de las canchas y el que, violando y cortando esa natural herencia de padre a hijo de acudir a los estadios a alentar sanamente al club de sus amores, pone en serio riesgo la continuidad del fútbol en un futuro no tan lejano ya.

La obra aporta no sólo el *modus operandi* de los violentos, sino la historia misma de sus inicios, la ideología que encierran las barras organizadas, los intentos legales de poner coto a éste flagelo a través de disposiciones normativas en diversos países, con especial énfasis en la realidad paraguaya. Es rica en antecedentes, expone con crudeza el tratamiento de la prensa al tema y sobre todo, sugiere soluciones fácticas.

En el discurrir fascinante de la obra se estudia el origen de los violentos por antonomasia, los temibles Hooligans ingleses, pasando por la incidencia de la apología nazi y la violencia hittleriana, hasta la enumeración de los casos más patéticos de la historia, dejando en claro que se trata de un flagelo a nivel mundial. Por supuesto nuestra realidad no está ausente y es estudiada exhaustivamente haciendo un cronológico seguimiento desde la aparición de las primeras hinchadas organizadas en nuestro país. No se excluye la repercusión y la función de la prensa en el mensaje violento que se origina en las gradas y lleva su inconfundible hedor a otros ámbitos.

Por eso es importante el tratamiento del tema en *"Violencia 1 – Fútbol 0"*, por el fútbol mismo y su futuro, por salvar a uno de los espectáculos popularmente tradicionales y menos costosos del último siglo en cualquier sociedad del mundo.

Para el autor de éste prólogo es un alto honor haber recibido semejante distinción, con la seguridad puesta en que ésta rica obra aportará decididamente al conocimiento sobre el particular, destaco la dedicación y el profesionalismo del autor en su elaboración.

Arturo Rubin S.

ÍNDICE

ALGUNAS PALABRAS DEL AUTOR

Es de público conocimiento que la violencia se está adueñando de los partidos de fútbol. ¿Por qué no encontramos la solución definitiva a este problema? Somos más (en cantidad) que aquellos que interrumpen el espectáculo y siendo mayoría no podemos parar con los golpes, las corridas, la sangre y las muertes en las tribunas o en las afueras del estadio. Los hechos vandálicos no se desarrollan sólo en las canchas, pero parece haber una costumbre instalada que hace que sucedan cada cierto tiempo allí, a pesar de la seguridad implantada por la policía y las cámaras privadas. Se conocen a aquellos que rompen los asientos y quienes quitan vidas, pero nada los detiene.

Los hechos bélicos no nos suceden sólo a nosotros en Sudamérica, también en aquel, en el viejo primer mundo donde se escuchan los disparos en las noches y se transmiten al fútbol. La materia del libro es la violencia en el fútbol. ¿Qué son las barras bravas? ¿Por qué existen? ¿De que viven? ¿Las mujeres son parte de la sociedad del fútbol? ¿Cómo es el hincha? (que no es lo mismo que el barra) ¿De que manera el periodismo trata el tema? Muchas preguntas para una situación a la que aún no le hemos encontrado solución. Este texto, tampoco lo es. ¿Sería fácil no? Simplemente es una recopilación de datos estadísticos que nos harán ver que los salvajes llevan muchos más años de lo que imaginamos.

Hablamos de la violencia entre espectadores, dejando al margen aquellas conductas violentas protagonizadas por los deportistas. Se van a encontrar en el argumento con numerosas fechas y datos, con las cuales traté de ser los más puntual posible.

Ojalá que el viento no se lleve las palabras, que estas líneas se críen como el vino y sirvan para el futuro. Debemos realizar correctamente nuestro rol, ya sea aficionado, futbolista, dirigente, policía o periodista, etc. Así, hacer posible un buen espectáculo deportivo.

Con este libro quiero incitar al lector a seguir buscando por su cuenta más antecedentes, y no presentar este trabajo como uno sistematizado y exhaustivo. *"Violencia 1- Fútbol 0"* pretende ser útil para periodistas y también para el lector común interesado. Por ahora el resultado es negativo pero hay tiempo para darlo vuelta.

INTRODUCCIÓN

El fútbol comenzó siendo un mero espectáculo, pero viajemos por el tiempo, no sólo a la década del setenta u ochenta cuando se hablaba de los destrozos de los hoolingans (tocaremos el tema más adelante), sino también para hacer un recorrido más lejano, yo diría por la "antigüedad". Encontraremos varios elementos que podrían tomarse como pioneros para explicar la violencia transmitida en los eventos deportivos. Tal vez algunos parezcan fuera de lugar, pero pasen y ustedes mismos saquen sus conclusiones.

El deporte desde su comienzo estuvo ligado a la guerra. En Esparta se realizaban ejercicios físicos que servían de preparación para la batalla. La máxima expresión deportiva son los Juegos Olímpicos (exhibición de los nacionalismos). Estos tienen una similitud con el ritual propio de la beligerancia, claros ejemplos son los himnos y ruegos por la victoria o las medallas para los héroes. ¿Estos datos influyen en la violencia que vemos hoy? No creo, pero sigamos... Se dice que el fútbol, antes de ser reglamentado por los ingleses tiene orígenes en la Edad Media, donde se utilizaba caóticamente como fuerza canalizada hacia el esfuerzo bélico.

En 1314 el Rey Eduardo II prohibió la práctica de aquel juego porque provocaba numerosos heridos y algunas muertes.

En 1319 los Reyes Felipe V y Carlos V hicieron desaparecer el *soulé*, equivalente francés del fútbol. Se siguió practicando clandestinamente, fue nuevamente vedado en 1369 y cuatros siglos más tarde en 1790, siempre por provocar disturbios.

La resurrección del deporte más conocido del mundo se dio en el siglo XIX, donde buscando la manera de terminar con la violencia (hoy todavía no encontramos cuál es) se crearon las primeras reglas en Inglaterra. Además del fútbol, el rugby también era utilizado para que los jóvenes pudieran emplear su agresividad dentro de ciertos límites.

En *Mi Lucha* de Adolfo Hitler, dice que la formación de un ejército agresivo debe tener como preparación al entrenamiento deportivo. Son muchos los actos sangrientos que encontramos cuando el fútbol no era lo que es hoy.

Ya en el siglo pasado, los actos de brutalidades internacionales siguieron siendo innumerables. En 1916 un partido entre argentinos y uruguayos jugado en Liniers fue suspendido por problemas en las gradas donde el público terminó quemando parte de la cancha. Ese mismo año en Inglaterra durante la Primera Guerra Mundial, sucedió un hecho que está relatado en varios libros, entre ellos los de Juan José Sebreli y Eduardo Galeano. Ambos cuentan que el capitán Nelly (Nevill para Galeano) avanzó hacia las trincheras alemanas arrastrando una pelota, seguido por sus soldados como si se tratara de un partido de fútbol. Después, el líder pateó la pelota para dar inicio a la batalla.

En 1924 el Campeonato Sudamericano se jugó en Montevideo (participaron uruguayos, argentinos, paraguayos y chilenos). Individuos de la ciudad formaron una manifestación frente al hotel donde se alojaban sus próximos rivales, que era el equipo argentino. En el mismo lugar se encontraba un fanático barra de Boca Juniors apodado *Pepito*, quién salió al balcón y mató de un disparo a uno de los manifestantes.

En 1929 en Buenos Aires se jugó un partido amistoso entre un equipo local y el Chelsea inglés. Los argentinos agredieron a los visitantes con piedras y estos quedaron tan impresionados que se llevaron una roca y la conservaron por un tiempo en una de las vitrinas del club. Más tarde, Inglaterra sufriría los revoltosos Hooligans (ver Los Hooligans).

En el primer Mundial de Fútbol disputado en Uruguay en 1930, el partido que jugaron Argentina y Chile terminó con la intervención policial, por una pelea entre jugadores que se trasladó luego entre las hinchadas. En la final (Argentina – Uruguay) Carlos Gardel no pudo ir... por la inseguridad.

En otra Copa del Mundo desarrollada en 1958, un partido entre brasileños y húngaros en la ciudad de Berna, terminó con peleas en las tribunas y luego en los vestuarios entre los propios jugadores. A partir de allí, la FIFA decidió que los campeonatos internacionales debían jugarse en campos provistos de alambrado.

Entre 1966 y 1971 se cobraron las primeras vidas por peleas generadas en los estadios ingleses.

En 1972 durante las Olimpiadas de Munich se realizó una matanza colectiva a los deportistas judíos por terroristas palestinos. En 1985 en la final de la Liga de Campeones entre Liverpool y Juventus, disputada en Bruselas hubo un saldo de 39 personas que han perdido la vida. En 1995, durante la final de la Copa Inglesa se reportaron 95 muertos y 200 heridos. Proporciono estos datos para darnos cuenta que la frase *"antes no había violencia"* es un mito. Siempre hubo y nunca se encontró solución. Ya en la década del 30, los medios gráficos publicaban titulares como éste: "Hay que acabar con los excesos de violencia" (Revista La Cancha, octubre 1930). Igual a los actuales...

El fútbol está también simbolizado por una guerra entre "tribus" o "bandas" bien diferenciadas, entendiendo como símbolo, aquellas representaciones materiales o no, que marcan a un grupo específico, como los estadios, que se confunden con la casa o templo de oración, donde las pasiones y sentimientos cobran vida.

Sebreli en su libro *La Era del Fútbol* (inspiración para escribir éste) dice que "son once hombres de pantalón corto, que parecen significar la espada del barrio o nación. Guerreros sin armas que confirman la fe, en cada enfrentamiento entre dos equipos, donde entran en combate viejos odios y amores heredados de padres a hijos. El estadio es el castillo, y el alambrado limita al público que alienta. Estas líneas de Sebreli parecen un poco exageradas para personas que lo único que deseamos es poder ir tranquilos a ver un partido de fútbol. Lamentablemente para eso, hay que correr riesgos. Ya desde casa, alguien nos dice que tengamos cuidado. Hay ocasiones donde es mejor no tener la camiseta de tu equipo y esas situaciones no deberían pasar en el supuesto sarao del fútbol, donde sería ideal que el que quiere alentar a su equipo y mostrar sus colores lo pueda hacer. Yo simplemente quiero sentarme a mirar el partido sin preocuparme a la hora de entrar o salir del estadio… ¿es mucho pedir?

PAÑUELOS AL VIENTO

No todo es violencia. Las hinchadas gozan desde paginas web hasta programas de televisión dedicados a ellos, que tienen su lado divertido, pero en este libro vamos a proveernos y conocer datos violentos, y digo "vamos" porque yo a la hora de escribir y recopilar también aprendo.

El escritor uruguayo, Amir Hamed cuenta que, hasta la década del cuarenta, en Uruguay ni siquiera se gritaban los goles y los partidarios del Club Nacional, para festejar, agitaban pañuelos blancos. Aquellos no eran barras bravas.

LAS BARRAS BRAVAS

Son los hooligans en Inglaterra, los ultras en España o los teppisti en Italia. Son bandas compuestas por fanáticos de un club que dan su vida por la institución, de la cual viven. Tampoco se olvidan de producir destrozos en los estadios o en las afueras, incluso se organizan para realizar emboscadas y matar gente.

Como si fuera un trabajo hay puestos, jefes y subjefes que deciden la forma de actuar. Buscan ser parte de un grupo que tiene como principales valores el nacionalismo, la xenofobia, y el "honor" de pelear demostrando ser el más fuerte. Siempre se los ha relacionado con el alcohol, las drogas, y por la fuerte lucha que tienen con la policía. Si miramos la sociedad actual, nos encontramos que la juventud en general también se relaciona con esas variables. Generalmente las barras bravas son mantenidas por dirigentes de los clubes que le pagan para alentar al equipo. Ingresan gratis al estadio, viajan de la misma manera en el colectivo o tren para trasladarse a la cancha, otrosí de estar presente siempre cuando se juega en otra ciudad o en el exterior. Es común escuchar que existen problemas entre la dirigencia y las barras, sucede que estos últimos se manejan mediante la amenaza y la intimidación hacia los directivos, jugadores o técnicos y desde allí comienzan los arreglos.

Las barras nacen de una sub-cultura juvenil, que buscan pertenecer a un grupo que comparta los mismos gustos. Instituidamente tienen sus antecedentes en Inglaterra, y hoy están en todas partes del mundo donde se juega fútbol. Según los informes del Consejo de Investigación y Ciencias Sociales de Inglaterra, entre 1894 y la Primera Guerra Mundial se registraron 2030 casos con las barras sólo en el fútbol inglés.

Estas bandas generalmente están formadas por personas de bajo nivel educativo, su cultura es primaria y tienen el hambre de "ser alguien". Esa majadería se la da el grupo cerrado de su equipo. En las regiones más pobres hay casos donde opinan que la única manera de aspirar una vida mejor es ser parte de la barra brava de un club. Con respecto a la edad de los que la conforman, es variada. En Colombia por ejemplo, son jóvenes entre 13 y 26 años, ya que las barras son recientes. En Europa el margen es más amplio. Hay personas de 50 años y más, porque tienen una tradición más arraigada. Otro factor importante es el fanatismo que tenga el país por el fútbol. Mientras más pasión exista, la edad promedio sube. Las nuevas barras comienzan imitando a las que ya existen, por lo que se generan varias categorías, algunas están más constituidas que otras.

En la década del ochenta la organización de las barras se vuelve más compleja, ya que comenzaron a trasladarse por la facilidad de las comunicaciones y gracias a la complicidad de los dirigentes empezaron a viajar por el interior y por el mundo. Cada uno de estos viajes fuera del país provocaba (y lo sigue haciendo) luchas en el centro de la organización por el reparto de los pasajes.

Las ganancias provienen de los subsidios de los dirigentes de los clubes, de los aportes de los jugadores y directores técnicos, de la reventa de las entradas cedidas por el club, premios de rifas a veces inexistentes, robos y recaudaciones que tienen que ver con el tráfico de drogas, que en algunas ocasiones la comercializan hasta con barras rivales. Negocios son negocios. En la cancha son enemigos.

Algunos de los gastos son cuentas de teléfonos celulares, compra de armas o distintas mercaderías y servicios. También aparecen como gastos el alquiler de vehículos.

Las entradas llegan a los barra bravas de distintas maneras. Puede ser entregada por los dirigentes (éste nunca regala al hincha común, al que se porta bien. Sí al barra, al que tiene gente detrás. El hincha común no es factor) o jugadores, éstos últimos por protocolo y buscando ser lo favorecidos a la hora de los cánticos. Otro modo es la entrega a las barras de talonarios enteros para que los usen o los vendan y en algunas ocasiones el club, vende en ventanilla los talonarios que "pertenecen" a la barra y luego les proporciona el dinero.

Un dirigente del fútbol argentino mencionó alguna vez: "Si no les das una mano a las barras, es imposible que puedas ganar una elección". Por otra parte, muchos políticos, piden prestados los "servicios" de las barras ya sea para buscar votos o inclusive hacer destrozos en el ámbito de la competencia política.

La gente de este fenómeno ven al club como suyo, se sienten identificados con la institución, pelean por defenderla y si es necesario, dan la vida por ella. Los artefactos que se arrojan desde las tribunas, van desde piedras, palos, objetos descartables o inservibles, hasta armas blancas.

En México, las barras son llamados *Porras*. No hace mucho, empezaron como un grupo de animación, que mantuvieron vivo el negocio del fútbol, antes de los acuerdos comerciales y de la transmisión televisiva de los partidos.

La primera barra conocida fue el grupo que tuvo el equipo Pachuca, "la Ultra Tuza", que fue creada en 1994 con alientos para los jugadores. Más tarde se separaron formando pandillas nuevas. Los Porras cambiaron y ahora se distinguen por los cánticos basados en pensamientos bélicos y racistas. El reflejo de la identidad de las barras mexicanas es notorio, ya que lejos de una asimilación de la lengua, en aquel país utilizan la palabra "vos" en vez del "tu" característico. Los medios mexicanos dicen que esto se debe a la copia de los cánticos argentinos, donde las barras "tienen años de experiencia".

En Europa hay barras tan organizadas que tienen su propio merchandising como remeras, llaveros, etc. Incluso salió a la venta un juego para la PC, donde los chicos manejan a los hooligans, con quien deben hacer estragos por la ciudad acumulando puntos.

LOS BARRAS VIVEN DE...

* Aporte de dirigentes, jugadores y técnicos.

* Del club: manejo del buffet, estacionamiento, jardinería, carpintería, etc.

* Porcentaje en las ventas de jugadores (aquellos a los cuales alaban).

* Reventa de entradas.

* Rifas inexistentes.

* Robos.

* Servicios a dirigentes o políticos.

* Trafico de drogas, armas o mercaderías como celulares, etc.

LA CEREMONIA

Todo arranca horas antes de los partidos. Los barras se reúnen en lugares establecidos de antemano. Si se trata de un encuentro ante un equipo grande o competitivo el horario marcado puede ser adelantado. El lugar alcanza cualquier esquina, bar o la plaza más cercana. La distancia del estadio debe estar siempre a pocas cuadras. Después de compartir vino o cerveza (más allá que sea en la plaza), entablan la marcha hacia la cancha.

Si se trata de un partido de visitante, se reparten las entradas que fueron entregadas días antes a los jefes. Para llegar a los estadios alejados, los barras se mueven en micros que son alquilados, con lo que se obtuvo en la reventa de entradas o rifas falsas. Algunas veces el traslado corre por cuenta del club. Cuando el encuentro es de local por lo general no les piden adhesiones.

Después de un cacheo intenso que va de pies a cabeza, incluidas las banderas (para ver si no hay nada entre las telas), comienza el ingreso a la tribuna. Debe ser ruidoso. Es parte de la ceremonia, así como también no pagar la entrada y dar empujones para abrir el camino que los lleva a "su" lugar. La zona central de las populares no son ocupadas por nadie, porque es el espacio de las barras. Llegan una vez que el partido comenzó, para llamar la atención. Hay barras que tienen la orden de ir ingresando a medida que van llegando. Lo hacen para facilitar el trabajo a la policía. Aunque le parezca paradójico, en algunos detalles se ponen de acuerdo barras y policías. También suelen juntarse antes de un partido de alto riesgo, para prevenir escándalos. Repito, aunque parezca inaudito, sucede.

En un River-Boca jugado en el estadio Monumental el 8 de octubre de 2006, la barra visitante estaba tan organizada que iban llegando en colectivos y armaron un vallado humano. Gente misma de la barra tenían puestas unas musculosas amarillas (como si fuera de la organización de un evento) y armaban filas por donde iban pasando los barras para el ingreso. Lo que quería Rafael Di Zeo (en aquel momento todavía jefe de la barra de Boca, lugar que ocupaba desde fines de 1990) era que controlen que no haya colados. Ese mismo día mientras la policía inspeccionaba el ingreso de la barra, por otras puertas de acceso al estadio se armó lío e ingresaron unas 2000 personas sin ticket.

El ex-mandamás de la barra de Boca, habló para la televisión en torno a ese clásico. Fue entrevistado muchas veces hasta le dedicaron programas a su persona. A veces, el periodismo lo trata como a una estrella de rock.

Boca Juniors tiene una barra muy constituida. Tanto así que Carlos Bilardo contó por tv que a él lo buscó la barra del Real Madrid para consultarlo acerca de la de Boca y su formación. Efectivamente, en aquel clásico ante River, había gente de la barra del equipo español que estaban "aprendiendo". Muchos hispanos y colombianos pagan dinero para poder estar entre los de Boca. Rafa Di Zeo dijo: "esto es como Harvard para los pibes".

La barra brava tiene como misión proveer "aguante", es decir, alentar, gritar, saltar, corear, e insultar a los adversarios y retar a la barra rival para combatirla con cánticos, incluso peleando ya sea dentro o fuera del estadio, o igualmente disputando centímetros de la ciudad para consagrar su sentimiento en las paredes y muros.

Están los que no miran el partido, es decir, están de espaldas al campo de juego. Son aquellos que van a agitar las banderas, organizar cantos y encarar al que no corea. Según ellos, uno no puede quedarse nunca quieto y quien no salta es un "amargo", como los llaman a los que miran el partido tranquilamente desde las plateas. Los fanáticos de Racing suelen realizar el ritual del azúcar y arrojarla cuando visitan el estadio de Independiente.

A veces el jefe de la barra "brinda" al resto botellas de gaseosa o agua, para refrescarse y seguir alentando. Su lectura es: "Los dirigentes pasan, los jugadores también, el club es nuestro". Un dato exageradamente paradójico es que hay cabezas de barras que del mismo modo hacen obras de caridad. Incompatible y extraño. Por otro lado, la fundación Red Solidaria de Argentina realiza permanentemente canje de juguetes bélicos por pelotas de fútbol. Original.

También es común que se escondan armas en los árboles y

arbustos en los alrededores del estadio en caso que se arme una gresca, o para robar camisetas o dinero.

Llama la atención, como dentro de la gradería popular, las barras no quieren a los nuevos que van a alentar al equipo. "Estos no vienen nunca, somos nosotros lo que queremos al club", dicen.

El partido está por comenzar. Anteriormente se realizaba el típico sorteo para la elección de "pelota o campo". Hoy eso ya no existe. El sorteo proclama quien va a iniciar el juego. La ubicación del campo depende del lugar de la barra. El segundo tiempo se juega en el campo que tiene a la barra brava de ese equipo atrás. Esto para que el arquero contrario no se objetivo de proyectiles. Siempre la segunda etapa es más caliente que la primera.

La barra, se atribuye además protagonismo, pero su gloria no coincide necesariamente con el resultado deportivo, en el caso de la victoria. Si se produjo un resultado negativo ante un equipo clásico, muchas veces la barra permanece en la tribuna luego de finalizado el partido para seguir alentando. Se trata de demostrar que la derrota no dolió y el amor por el club sigue siendo incondicional.

A la hora de festejar un título se ve a los jugadores con la copa en el campo de juego y siempre está el líder de la barra u otras cabezas dando la vuelta con los protagonistas. Increíblemente logran entrar al campo con facilidad, gracias a la ayuda de amistades. Incluso consiguen levantar la Copa Libertadores, por ejemplo. Besarla como si fuese el capitán del equipo.

Un lujo que se pueden dar algunos barras, aquellos "de trayectoria".

Otra pésima costumbre se da cuando finaliza un campeonato. Los barras ingresan al campo y desvisten a los jugadores como si la indumentaria les perteneciera. ¿Qué derecho tienen de sacarle toda la ropa? Lo hacen con violencia y varias veces fueron a los puños jugadores con sus propios "alentadores". Eso ocurrió en Laferrere-Sacachispas en la última fecha del fútbol argentino de ascenso en el 2006.

LA ESTRUCTURA

La estructura de las barras es tradicional en la mayoría de los países. Es de tipo autoritario y jerárquico, formada en niveles. El primero es donde se encuentran los jefes de la hinchada, que puede ser uno o unos pocos, que son los encargados de organizar las operaciones, con la precaución de no poner en peligro la supervivencia del grupo, pero sí lo suficiente como para justificar la existencia del mismo. Estos jefes viven de lo recaudado por la barra y por lo general tienen un segundo trabajo al servicio de algún político o empleo en alguna municipalidad.

Un segundo grupo está compuesto entre veinte y cincuenta individuos, con una antigüedad de tres años y en su mayoría menor de 25. Su función es cumplir con las órdenes de sus superiores y transmitirlas al resto. Por lo general son desocupados que fuera del fútbol tienen una vida delictiva.

El tercer núcleo es el grupo más numeroso de personas, entre ellos jóvenes con poca antigüedad, que aún no están definidos totalmente, por las presiones familiares, comportamientos cobardes o demasiados arriesgados para las barras. Es común que los que se encuentren en esta tropa abandonen a mitad de camino.

El último círculo está compuesto por menores de edad, que son utilizados como espías ante una probable riña. Tratan de demostrar su valor todo el tiempo y por eso quieren ir al frente en las peleas. Durante el partido se pasan gritando, coreando los cánticos, agitando banderas y se limitan a realizar gestos. No tienen "el permiso" de colgarse de la baranda, acto para una categoría superior. Generalmente no participan en los disturbios (en algunas barras si). En los últimos años llegan a las canchas armados y hasta drogados, por lo que son incontrolables. Hay chicos que ingresan a los 15 años y con el correr del tiempo van subiendo de puestos. Alcanzan momentos donde se topan con alguien por el liderato. La colisión puede ser a muerte... literalmente.

Para ingresar a la barra, niños o adolescentes deben realizar "pruebas" consistentes en la provocación de desórdenes en las afueras del estadio, con los ómnibus o comercios cercanos.

Cuerpos musculosos, cabello corto, prolijos tatuajes y difícil temperamento son las características más salientes de unos 50 individuos que componen el sector principal de la barra brava, aunque la mesa ejecutiva generalmente está integrada por unos 20. Eso sí, todos son socios del club. Este grupo se divide las actividades según los trabajos a desarrollar, y algunos tienen como tarea específica la organización de los viajes de corta y larga distancia, aunque difícilmente formen parte del pasaje, ya que como gozan de un buen pasar económico se movilizan en camionetas 4 x 4 o automóviles importados de gran porte.

Cuando se produce un encuentro entre dos barras, los novatos mayores siempre son los que van al frente, a veces acompañados por los recientemente integrados, pero los jefes muy raras veces participan de los disturbios.

El asesinato de un rival constituye un ascenso en la escala jerárquica.

COMPORTAMIENTO MUNDIAL

"Los hooligans se entrenan". Se viene el Mundial de Alemania y los jugadores quieren llegar diez puntos. Pero no son los únicos. Los hooligans polacos se están entrenando, como ellos lo definen aunque suene extrañísimo, "para los futuros enfrentamientos". Es más, aseguran que están mejor preparados que la Policía y hasta organizan campamentos para ensayar "situaciones de combate" con los violentos de Alemania. Preocupados este tema, las autoridades del fútbol de Polonia ayudaron al servicio de inteligencia en el armado de la "lista negra" para tener a los barras bajo control. La Policía realizó un monitoreo a los que participaron en varias peleas. Se conoce de la intención de los hooligans de estar en los mundiales. Por eso se realizaron contactos permanentes entre la gendarmería y sus pares. (Olé, 21 de diciembre de 2005).

En enero de 2006, nos encontramos con la noticia de los ingeniosos holandeses que tuvieron la ocurrencia de vender cascos de plástico del ejército alemán nazi teñidos de color naranja para lucirlos en el Mundial de fútbol de Alemania de aquel año, y que se han encontrado con la repulsa de su país. Este producto se ofrecía por Internet a 4,95 euros (4,12 dólares). De todas maneras, la Federación Holandesa de Fútbol se distanció de inmediato, afirmando que con el recuerdo de la guerra no se juega. El ejército alemán de Hitler invadió Holanda en mayo de 1940 y mantuvo ocupado el país hasta el final de la guerra, en mayo de 1945. Mas allá de todo, se comentó que se vendieron más de 20.000 cascos que decían "Jetzt Geht Lossss" (ahora empieza todo).

Todo cambia al hablar del Mundial. Esa Copa que se juega cada cuatro años y que está en primera plana en todo el mundo. Un mes donde lo que único que se respira es fútbol. No piense que en la tribuna no estarán las barras bravas. Nadie se pierde un mundial, y ellos menos. Tal vez no tengan dinero para la vida diaria, pero van a decir presente en la Copa del Mundo, por más que se juegue en el continente más lejano. Eso es seguro.

La forma de pago del pasaje la consiguen de alguna u otra manera. Ahorrando de antemano puede ser una opción. Que paguen los pasajes los directivos, otra mejor. El favor será devuelto a la hora de alguna elección. En este punto entra a jugar el poder de cada una de las barras. En Alemania 2006 mientras la segunda línea de Boca y los de Independiente paraban en República Checa para bajar gastos, la de River tenía dos búnkers: los de menor rango, en un camping de Munich. Los jefes, en la casa de un ex jugador. Una vez instalados comienza la etapa de sobrevivir. Los más vivos llevan camisetas de su selección, supuestamente originales y se la venden a extranjeros que pagan fortuna. Es decir, una camiseta comprada en tu país a medio dólar, la venden por 50 euros. Negocios como éste y otros sólo salen en la Copa del Mundo. El cambio de billetes locales por extranjeros también es utilizado (siempre y cuando la diferencia beneficie). A los que tienen muchos dólares a veces no le importa cambiar la moneda, sabiendo que obtienen un souvenir de una forma nada igualitaria. Algunos hicieron buen dinero durante el mundial, gracias también a la reventa de entradas.

De todas maneras los fanáticos siempre se portan mejor en una competencia así, porque saben que la policía local esta predispuesta a extraditarlos del país. En Alemania 2006, los de la barra argentina no pudieron ingresar al segundo partido de su selección. Es que en el primer encuentro la barra ocupó lugares que no eran los suyos. Después a través de disculpas pudieron estar en el tercer encuentro de Argentina.

Igualmente una de las máximas atracciones durante la Copa pasa por ver a los hinchas de todo el mundo. En tanto que mientras se juega la Copa, la pasión y el fanatismo aumentan. La gente se pinta la cara, el pelo, el cuerpo, se disfraza, y crea un marco lindo del color del fútbol. Se sacan fotos hinchas y fanáticos de diferentes países. No hablan el mismo idioma para tiene algo en común. Ambos saben que no pueden cometer ningún desmán, porque se vuelven para sus casas.

Durante el último mundial, a excepción de agentes de Irán y Arabia Saudita, policías de los otros 29 países que participaron estuvieron presentes en Alemania. El gobierno del país organizador anunció que fue un pedido a los países que tenían representación. Por ese motivo, oficiales de enlace colaboraron con los agentes alemanes. En Alemania prestaron servicio unos 320 policías extranjeros. Fue una buena medida.

LAS BANDERAS

Los "trapos" son para la hinchada muy representativos y tienen un valor inexplicable. Puede ser lindo llevar una bandera con alguna insignia, con alientos con dibujos o caricaturas, pero para la barra brava tienen un sentimiento particular. Es eso que "se lleva a todas partes", ese significante que no puede estar ausente en el alambre. Si la persona que posee la bandera no puede ir al estadio, ella (la bandera) tiene que estar de todas maneras, se pasa a otro, pero no puede dejar de atarse.

Es común escuchar del robo de banderas. La hinchada que consigue una bandera de otro club logra un trofeo de guerra. Muchas veces se ha visto entre todas las banderas una de color diferente, esa es del rival de turno, y hace que el ambiente se ponga espeso. Provoca a la gente de la tribuna de enfrente y puede producir enfrentamientos una vez terminado el partido para recuperar ese pedazo de tela que es tan importante para la barra brava. También suele producirse en ese mismo momento la quema de la bandera conseguida.

Siempre hay un encargado de las banderas (así como hay para los bombos). Algunos quieren llevarse alguna tela de souvenir, por eso, el encargado de la bandera deja su cédula de identidad al jefe de la barra o a otro y cuando la entrega le devuelven el documento.

A mediados de los ochenta cuando Diego Maradona jugaba en Nápoles, el público del norte del país reaccionó con desprecio. Las banderas que colgaban en los diferentes estadios decían "Nápoles, Bienvenidos a Italia".

Están también las que piden renuncias de técnicos o directivos, o las que hablan mal de algún jugador, y peor aún las otras, esas con insignias racistas, de las que hay muchas. El 28 de abril de 2005 dos chicos de Talleres de Córdoba, de 14 y 16 años entraron al Estadio Olímpico con banderas nazis. Luego juraron desconocer el significado. No es la primera vez que este tipo de banderas ingresan a un estadio. (Ver más en Actitudes Racistas).

Quizás vio en más de una oportunidad las banderas que están colocadas al revés. Tiene su significado. La hinchada no está a gusto con el equipo o con alguna decisión de la comisión directiva.

Muchas veces las banderas son pagadas por jugadores o dirigentes. Los que juegan, para que cuelguen su nombre y/o imagen a cambio de una cuota económica. Los dirigentes colaboran a veces por miedo y otras para postularse a algún puesto en la institución. Otras son subsidiadas por comercios, por el simple hecho de publicidad. Es el caso de discotecas y hasta ferreterías.

Si le interesó lo de la publicidad y piensa solventar a los

barras para realizarla, tenga en cuenta que las banderolas deben cumplir con algunos perfiles reglamentarios, aunque parezca raro. Está pautado el tamaño de la misma, aunque siempre están las banderas amplias que contienen publicidad de compañías grandes.

A la hora de meter trapos extensos, pasó y sigue pasando que las banderas son guardadas en alguna parte del club durante la semana. El día del partido ya están dentro de la tribuna y no tienen que transitar por ningún control. El lugar al que más se acude es la utilería del club. Allí es el lugar perfecto. La organización es tan grande, que no sólo se utiliza el club local, sino cuando uno es visitante las banderas se depositan en el club contrario. Boca Juniors guardó sus trapos en la utilería de River más de una vez.

Cuando llega el momento de ingresar los trapos al estadio, son examinados (los estiran) para observar si no hay armas o instrumentos filosos que pueda meter la barra.

Otra prohibición de los últimos años es que las banderas no tengan palos. Antes lo utilizaban para poder ser agitadas. Pero fue usado varias veces para golpear y por eso la exclusión. Ahora suelen atarse a los alambres.

También está eso de quién la tiene más grande. Hablando siempre de banderas claro... pero el orgullo es el mismo. En algún momento se eligió a vox populi que Racing Club, tenia la bandera más grande del mundo. Recuerdo la foto de la bandera dar vuelta por todo el estadio del equipo argentino. Eso tuvo su precio.

En Inglaterra no hay banderas en las canchas. Lógico, tapan la visión en un fútbol donde uno mira el espectáculo cómodo en su butaca. Allá, el confort está antes que el folklore. Además, no dejan ver las estáticas publicitarias, lo cual también es importante. En la mayoría de los países de Sudamérica (por no decir todos) las banderas sirven para tapar cuando se están agarrando a los puños. Lo hacen debajo de las banderas grandes y no se ve.

LOS CANTICOS

Otro de los símbolos de expresión de la barra brava son los cánticos, que son acompañados por las voces de los hinchas del estadio. Están las letras ingeniosas y aquellas ridículas. Se escuchan en el estadio, en los bares, en la calle, en los aeropuertos para recibir o despedir algún plantel y hasta en la casa de cada persona cantando frente al televisor. Los que se dedican a los cánticos dentro de la barra suelen cambiar las letras de los temas tropicales o de rock para ponerle sentido acerca del club o del rival de turno. También hay categorías; las que son cantadas cuando sale el equipo a la cancha, cuando se está ganando el partido, o en una situación. Los cánticos visualmente van acompañados con el brazo levantado y el dedo índice señalando el cielo. Generalmente en la pronunciación de las palabras faltan algunas letras y otras se estiran.

"eeeeehhhh eeeeehhhh somooo campeoonneeeesssss otraaa vez"

Algunos cánticos son conocidos y tocan lo profundo en el sentimiento del país. En Argentina por ejemplo el clásico:

"Vamos Vamos Argentina
Vamos Vamos a ganar
que esta barra quilombera
no te deja, no te deja, de alentar"

Otro mundialmente utilizado es:

"Volveremos Volveremos
Volveremos otra vez
Volveremos a ser campeones
como en el 86" (o 66, 76, 96, etc)

Uno de los hits en los estadios es el del apellido del árbitro o del jugador contrario menos querido acompañado de .... "Hijo de puta, hijo de puta". También son comunes las letras que tienen que ver con la paternidad de un equipo hacia el otro. "Somos tu papá, haceme caso, hijos nuestros", etc.

"Que papelón, que papelón
A Colegiales le afanamos el banderón"

"Ahí están, ahí están"
los que jugaron para atrás"
La hinchada de River a los Jugadores de Gimnasia – Nov. 06
(ver Jugaron a Muerte).

Otras letras alientan el consumo de marihuana o cocaína y son lucidas con normalidad ante los espectadores, donde se presentan gran cantidad de chicos. De igual forma la sexualidad es otro de los temas a cantar:

*"Es para vos, es para vos, ... puto, la puta que te pa-
rió"*

Distintas son las siguientes: Estas a voces de los del Real
Madrid:

*"El socio del Atleti, se llama Forrest Gump,
El socio del Atleti, se llama Forrest Gump,
La, la, la, la, la, la,.............
Se llama Forrest Gump."*

*"La hierba del Camp Nou, se la ha fumao Pujol,
La hierba del Camp Nou, se la ha fumao Pujol,
La, la, la, la, la, la,.............
Se la ha fumao Pujol."*

Unas de Peñarol de Uruguay con referencia a su rival Nacional dicen:

*"Lo cogemos
al bolso lo cogemos
al bolso lo cogemos
al bolso lo cogeeeemos..."*

*"Señores yo soy del manya y lo sigo a todos lados
y cuando voy a la cancha siempre voy descontrolado
al manya siempre lo sigo en las buenas y en las malas
el manya es un sentimiento que se lleva en el alma
se lo dedicamo' al bolso mama y a toda la policía
se lo dedicamo' al bolso mama y a toda la policía."*

De una tribuna a la otra:

"Ay ay ay ay, ay ay ay, poné más huevo, podes cantar"
o
"Ay ay ay ay, ay ay ay, no tengas miedo, podes saltar"

En Argentina, la barra de San Lorenzo se ve que es original y sino lea esto: En un partido frente a Boca en la Bombonera, el duelo de hinchadas era tan fuerte que en un momento los de Boedo lanzaron un caño que pegó en la cabeza de Saturnino Cabrera, un fanático xeneixe. Luego cada vez que estos equipos se enfrentaban los de San Lorenzo cantaban:

"Saturnino Saturnino
Saturni-no se murió
le tiramos con un caño
y el boludo cabeceó".

Este canto es insólito. De los de River a los de River. De los plateistas a los barras. Fue el domingo 30 de marzo de 2008, en la cancha de Velez cuando la interna de los barras de River se golpearon entre sí. El grito fue unánime por el resto del estadio:

"Vayanse todos, la puta que los parió"

Como contrapartida de los cánticos, en las jornadas del I Congreso Nacional de Peñas de Fútbol realizado en España el 17 y 18 de junio de 2000 se cantó un himno compuesto por el músico nacido en Asturias, Pipo Prendes. La idea fue hacer popular un tema musical para tratar de erradicar la violencia.

No funcionó. La letra es la siguiente:

Fútbol sí, violencia no

Es la hora, comienza la acción,
el estadio desborda emoción,
todo es vida, belleza, color,
es el fútbol, el reto: la unión.
Un suspiro en el aire sonó,
ha volado el portero, paró,
una aplauso desde el corazón,
es mi gente, siente el jugador.
Por nuestro fútbol,
por nuestra afición,
el juego, el amor al balón.
Por nuestro fútbol,
la pura pasión,
que gane el mejor.
Fútbol sí, violencia no.
Somos muchos,
podemos ganar.
Nuestro lema, deportivdad.
Vive el fútbol con la intensidad
del respeto, que siempre es triunfar.
Por nuestro fútbol,
por nuestra afición,
el juego, el amor al balón.
Por nuestro fútbol,
la pura pasión,
que gane el mejor.
Fútbol sí, violencia no.

BATALLA EN LA WEB.COM

El título de esta sección iba a ser en un momento barra-bravas.com, pero me di cuenta que esa es una dirección web real. En Internet existe la denominada "Guerra de Hinchadas" con el slogan "Si la batalla no sigue en la cancha... seguirá en la web". Links y más links que se dedican exclusivamente a las hinchadas (barras) de fútbol del mundo. Páginas con más de cinco años de antigüedad. Sitios utilizados con el fin de mostrar los trofeos de guerra.

La página barra-bravas.com.ar cuenta con orgullo las 3.603 fotos de hinchadas, las 2.291 banderas de alambre, 1.167 fotos de trapos robados y las 1.315 fotos de pintadas. Además de ser utilizada como foro, sirve para que se encuentren los fanáticos y aquellos que tengan ganas de "jugar" un rato sin darse cuenta que están incitando a la violencia. La página promueve caravanas y tiene secciones con estos titulares: "Trapos robados: En esta sección vamos a publicar todas aquellas fotos de hinchadas con trofeos ajenos. También aceptamos fotos de trapos robados, pero solamente publicaremos aquellos trofeos que puedan comprobarse de alguna manera. Muchas Gracias!".

Entre otros componentes de la página, podes ponerle puntaje a las barras que más gritaron y un resumen con fotos de todos los clubes del fútbol argentino con el historial de cada barra y su último combate con otro grupo, con la policía, etc.

Otras páginas te "enseñan" las letras de los cánticos. Una de las webs del Deportivo Independiente de Colombia (no es la única), otorga la posibilidad de escuchar, o bajar el cántico en mp3.

Ya pasó y esto es lo grave del foro entre barras. Por medio de la computadora (hoy todos tenemos acceso) se han organizado tremendas bataholas. Algo que comienza como una broma puede terminar con la vida de personas. La organización de la batalla está al alcance de los dedos gracias a Internet.

Otros conflictos que también se dan, tienen que ver con las páginas que son hackeadas y sacadas de servicio. En algunas ocasiones además amenazadas. En el Apertura 2006 San Lorenzo de Almagro no realizaba una buena campaña y tres páginas partidarias del club denunciaron haber sido hackeadas. Los periodistas del mismo modo, somos proclives a recibir intimidaciones de la barra por comentarios emitidos o simplemente por no caerle bien a alguno. Las web en cuestión fueron deboedovengo.org.ar, lacuerveria.com.ar y schaasla.com.ar (de la Subcomisión del Hincha). Integrantes del staff de los tres medios denunciaron la situación. Sanlorenzointernet.com.ar ya había padecido el mismo combo de la hacker-amenaza. Es una forma de desviar la atención y por supuesto de imposibilitar que el publico se entere de la realidad del equipo. Luego las páginas lograron reestablecer el servicio. Lo que sigue sin arreglo, es que continúan los chantajes de las barras.

Un camino donde aparece el desprecio a jugadores o equipos son las cadenas de mails. Imágenes que se cruzan vía Internet. Afiches de cargadas pagados por los propios clubes son a veces un juego mediático, y hasta graciosos. Pero frecuentemente brotan los anuncios anónimos y a los muchachos se les va la mano en la red. Recuerdo uno que decía: "Todos podemos tener un hijo bobo... o manco. Unas manos para Juan Carlos" y la foto de Olave, arquero de Gimnasia.

BARRAS BRAVAS DEL MUNDO

Alemania
Eurofightur' 97, del Shalke 04.

Argentina
La 12, del Boca Juniors.
Los Borrachos del Tablón, de River.
Los Amigos de Gonzalo, River (formada luego del asesinato de Acro).
La Guardia Imperial, de Racing.
Los Cuervos, de San Lorenzo.
Barra de la Goma, de San Lorenzo (sólo duró siete partidos y dejó el recuerdo por sanguinaria).
La barra de Butteler de San Lorenzo.
La Tuerta de Huracán.
La de Tula de Rosario Central.
La 22, de Gimnasia de La Plata.

Brasil
La Garra Negra, de Corinthians.
Mafia Azul, del Cruceiro.

Chile

Los de Abajo, de la Universidad de Chile.
La Garra Blanca, del Colo Colo.
Trinchera Norte, de la Universidad de Chile.

España

Brigadas Amarillas, del Cadiz.
Birl's, de Sevilla.
Boixos Nois, de Barcelona.
Frente Atlético del Atlético Madrid.
Ultra Real Sur, del Real Madrid.

Italia

Ultragranata, de Turín.
Fossa dei Leoni, de Milán.
Los Fighters, de Juventus.
CUCS (Comando Ultra della Curva Sud), de Roma.

México

Adicción Rayada, de Monterrey.
Ultra Tuza, del Pachuca.
La 51, de Atlas.
Sangre Azul y la Super Porra Azul, del Cruz Azul.
La Tribu y La Komún, del Santos.
Impacto Porteño, del Veracruz.
La Tito Tepito, del Atlante.
Fusión y La Ultra Felina, de los Jaguares.
La Guerrilla y La Tribu Real, de San Luis.
Libres y Locos, de Tigres.
Legión 1908, de Guadalajara.
La Rebel y La Ultra, de la UNAM.
La Monumental, del América.

Paraguay

Mafia Negra, La Pandilla y Ultra Sur de Olimpia (en febrero 2008, se unieron para formar "La barra de la O").
Comando y La Plaza, de Cerro Porteño (tras el pedido de la fiscalía, al igual que Olimpia, realizaron el censo de barras).
Bayo y Los Chancholigans, de Sportivo Luqueño.
La Raza, de Guarani.
Los Piratas, del 3 de Febrero de Ciudad del Este.
Mafia Azul, del 2 de Mayo de Pedro Juan Caballero.

Perú

Comando Sur, de Alianza Lima.
Trinchera Norte, de Universitario.

Uruguay

La Banda del Parque, del Club Nacional.

Obs. *A la vez muchas de ellas se dividen por zonas o barrios.*

ENTRE SÍ

Otra situación que ocurre frecuentemente es que las barras de un mismo club se enfrenten entre sí. Desde hace años, los equipos tienen dos o más barras bravas distintas. Alentando por lo mismo, pero rivales. Tratan de demostrar cual es la más fuerte, y la que más recauda. Chocamos aquí (y en otras partes del libro) con muchos datos sobre el fútbol argentino, y como no hablar de River Plate, donde la interna es feroz. "Los Borrachos del Tablón" (suelen utilizar camisetas con el nro. 14, el borracho en la lotería) está dividida, incluso en algún momento fueron tres grupos distintos. En el liderazgo aparecieron Sandokán, el Diariero, el gallego Chofitol, entre otros. El primero es recordado por su pelea con un arma blanca con el técnico de River, Daniel Passarella.

El periodista argentino Gustavo Grabia publicó en Olé el 25/08/06 una radiografía a fondo de los barras de River al que llamó "Los Borrachos del Terror" y hablaba de los capos de la barra, Adrian y los hermanos Alan y Williams. También los llamaban la "La Nueva Ola". Gabria escribió sobre ellos: "¿Quiénes son en realidad los jefes de la barra? Adrián tiene 30 años y proviene de una familia de clase media. Su padre vive en Laferrere y trabaja en la Legislatura Porteña mientras que su madre vive en Belgrano, a una cuadra de donde habita la hermana de Alan junto a sus dos hijas. El, en cambio, ocupa un piso sobre Migueletes, en Las Cañitas, y vendió la moto Ninja con la que se lo solía ver para manejar un Peugeot 206 negro. Fue empleado del Gobierno de la Ciudad de Buenos Aires en alumbrado público y también personal de seguridad de una disco de Núñez llamada Ananá. Su 1,90 metro impresiona tanto como su habilidad en taekwondo: es tercer dan (cuatro categorías arriba de cinturón negro). Cayó por primera vez en la comisaría 51 a los 18 años, cuando era tercera línea de la barra. Su foja se ampliaría: tuvo una causa por lesiones cuando fue patova de boliche y otra en el 2004, tras un River-Estudiantes, cuando junto al Turco del Oeste molieron a palos a unos pungas que intentaban robar en la popular.

Los hermanos Alan y Williams, en cambio, son de una familia de clase media alta. Viven en Barrancas de Belgrano, y Alan heredó el gusto por la aviación. Hasta hace dos años tenía apenas una entrada por averiguación de antecedentes y una pelea con un encargado de edificio. Poca cosa para un barra con poder. Pero cuando se agarraron con los de Newell''s en la Panamericana (20/4/03), su nombre surgió y el fiscal Marcelo Pernisi lo puso como imputado, aunque al día de hoy no pudo probarle participación alguna. Williams, por su parte, tuvo una causa confusa que en principio habría sido caratulada como tentativa de robo por un episodio con un taxista, pero después se cayó. Debajo de ellos están Kevin, que estuvo preso en Devoto porque lo agarraron con un auto mellizo en Provincia; el Pacha Corrado, que maneja la barra de Caraza junto a Julio Gamboa; y el Cortito y Matías, este último de apellido austria-co y ligado a varios sectores del club. Los cinco son los laderos de los tres capos.

¿Cómo llegaron al poder? La interna larga en el 97, cuando Luisito Pereyra -alias El Diariero- (socio 125.755), Edgar Butassi (socio 120.042) y Ramón Barrios caen tras ser condenados en primera instancia por varios delitos relacionados con el crimen del hincha de Independiente, Christian Rousoulis (22/12/96). Ahí la barra se divide en dos: un grupo ligado al Justicialismo, con el Zapatero y el Monito Saldivia como jefes, con base en Constitución, y otro liderado por Adrián y Alan, prohijados por los ex jefes y llamados Los Patovicas, ya que paraban en un gimnasio de Monroe y Cabildo. Aquel 29 de julio de 2002, Los Patovicas emboscaron a la barra de Newell''s cerca del Monumental, dejaron dos hinchas leprosos heridos por armas blancas y ganaron el control de la barra amparados por dirigentes y limpiando del club a los que aprovechaban los días de partido para robar. De hecho, molieron a palos a Bolita Nazareno, que no entendía los nuevos códigos, y a partir de ahí las bandas de Fuerte Apache, comandadas por Martín Stambuli; la de Caraza, de Matías Corrado -alias Pacha- y Julito Gamboa; la de Merlo, que lideraba Cristian; y las de Flores y Palermo, del Bruja y Richard, se sometieron a ellos.

En los cuatro años siguientes, construyeron un poder como nunca se vio en River. Para agigantar su imagen, contaron cómo en Arco del Desaguadero, en febrero de 2003, los Di Zeo arrugaron cuando les ofrecieron pelea a puño limpio, aunque los jefes de La Doce dicen justo lo contrario. O cómo consiguieron que el 9 de abril de ese año, 60 barras viajaran en un vuelo de TAM a Paraguay para ver a River frente a Libertad. Eso los embebió en poder. Y con esa soberbia planearon la guerra en la Panamericana del 20 de abril, cuando encabezaron en una Chevrolet Lumina y una Traffic la caravana hacia Rosario, para jugar contra Central, y en el kilómetro 94 se agarraron con los de Newell''s, choque que terminó con Carlos Puchetta y Héctor Ponce, hinchas leprosos, asesinados.

Con la Justicia persiguiéndolos, se guardaron seis meses. Y cuando volvieron, la premisa era portarse bien. Botón de muestra: en medio de un clásico en Mar del Plata en 2005, una pelota cayó en la popular. La barra se la robó. La Policía pidió por altoparlantes la devolución y como eso no sucedió, fue un grupo de civil a filmar a Los Borrachos para acusarlos de hurto. Adrián los vio y les preguntó qué hacían. Cuando oyó la respuesta, invocó sus derechos constitucionales. Y cuando entendió que la cosa iba en serio, habló por handy y al instante, la pelota apareció.

Pero desde fines del 05, la barra se desmadró. La causa fue económica. Según se cuenta, la recaudación de Los Patovicas alcanzaría los 70.000 pesos mensuales. Y como se venía el Mundial, el flujo de dinero iba a ser mayor. Pero, capitalismo salvaje, los dueños de la empresa no derramaron mucho hacia abajo. Y se armó. La banda del Turco, quien trabajaba en el Registro Nacional de las Personas, se retobó junto con la de Richard y la Bruja. El resultado fue una paliza fenomenal y la huida del Turco hacia la barra de All Boys. Para mantener el poder, ese terror también lo montaron en los estadios donde no se les pudieran abrir causas. Los de Oriente Petrolero, San Pablo y Libertad fueron testigos de esa táctica. La revancha fue que a Adrián le vaciaron su casa. Entonces, Los Patovicas fueron a buscar al grupo de Richard y La Bruja a una plaza de

Saavedra, y el primero terminó con la cabeza rota. Adiós interna: habían ganado de nuevo.

Es que en Núñez dicen que nadie puede con ellos. El poderío económico, la estrecha relación con plantel y dirigentes (Luisito Pereyra, el mentor, trabaja en el fútbol amateur, otros dos son empleados, coparon el gimnasio, la confitería y las parrillas y hasta el merchandising de la barra se vendía en la institución) les da el monopolio de la fuerza (...) La soberbia de tanto poder los terminó por enceguecer. Así, en Paraguay, en el escándalo con Libertad, cometieron el error táctico de no sacarse las camisetas en la pelea con los policías, lo que hizo que los identificaran y cobraran feo a la salida. Pero ni ese escándalo los detuvo. Paseándose por el club como por sus casas, ellos cumplen a su manera con los mensajes que alguien quiere enviar. Los jugadores acumulan tanto temor como deudas. Por eso ninguno va a hablar" redactó Grabia.

La feroz y brutal interna de Los Borrachos del Tablón tuvo uno de los capítulos más sangrientos con la muerte de Martín Gonzalo Acro, mano derecha de Adrián Rousseau, líder de uno de los bandos. El 7 de agosto de 2007 Acro fue atacado a balazos cuando salía de un gimnasio de Villa Urquiza junto a Osvaldo Negro Juan Matera (herido en la espalda). El 2 de noviembre, el juez Luís Rodríguez llegó a la siguiente conclusión: el asesinato fue por la interna de la barra y del mismo habrían participado, en distinto grado, 14 integrantes de la fracción enfrentada a Adrián Rousseau, entre ellos los hermanos Schlenker, la plana mayor de la banda de Palermo (Kevin, Cuca, Oveja, Rocky), más gente del Oeste como Balá y Pluto y hasta dos capos de otras barras: Bebote Alvarez, de

Independiente, y Andrés Torres, de Platense. De todos modos, aquel hecho no fue casual. Meses antes, el 11 de febrero, en la llamada Batalla de los Quinchos, Acro y William Schlenker, hermano de Alan, empezaron la pelea. Alan pensó que Adrián iba a subir a ese lugar a su hermano y no a Gonzalo. Las múltiples agresiones tomaron popularidad.

En Boca Juniors, la barra se divide en dos grupos, pero "La 12", es la que tiene más fuerza. Se reconoce a José Barrita, "El Abuelo" como símbolo, pese a su muerte. Se dice que había formado una sociedad llamada "La 12" que distribuía parte del dinero recaudado regalando pelotas a los chicos pobres y enfermos. Cuando Barrita cae en prisión tras un fallo que lo condenó en 1997 (por el asesinato de los hinchas de River Walter Vallejos y Angel Delgado, en 1994) Di Zeo cobra fuerza como líder. Con el tiempo, se transformó en un personaje mediático y se ufanó de tener "los teléfonos del poder". Cobraba más de $ 2.000 como empleado de Servicios Públicos del Gobierno porteño. Pero su mandato perdió fuerza después de ser condenado a prisión. Su sucesor es Mauro Martín, propietario de un gimnasio al que acudía Di Zeo a practicar boxeo. En los últimos meses, Mauro se distanció de Di Zeo por cuestiones relacionadas con el manejo de fondos de La Doce. El heredero tiene entre sus principales laderos a Maxi, Fabián, Pocho y Francis Di Maio, un ex policía condenado a cinco años de cárcel por asociación ilícita.

Si fuese por Di Zeo, su reemplazante hubiera sido Alejandro Falcigno, uno de sus hombres de confianza, quien cuenta con el apoyo de Roberto Tyson Ibáñez y el Melli Fernández, otros pesados de la barra.

Un tercer bando se rige bajo las normas que impone Héctor El Vaca Aguilar, quien también maneja la barra de Defensa y Justicia.

Racing es otro de los clubes en ser conocido por sus varias barras. Hasta no hace mucho eran cuatro, con un poder similar, pero en una batalla "Los de la 35" (el nombre en honor a un colectivo que viajaba desde Palermo a Avellaneda, donde está el estadio de Racing) fueron eliminados. Hoy están "La Guardia Imperial", "Los Racing Stones" y "La 95".

La barra de Almirante Brown también es compuesta. Organizadas y enfrentadas a muerte por el poder. Permanentemente se pelean entre si. Cuando juega Alte. Brown hay que montar tres operativos policiales. Uno para la barra contraria y dos para la de Almirante. Inclusive los dos grupos deben abandonar los estadios con 30 minutos de diferencia.

El 16 de abril de 2005 hubo un enfrentamiento entre barras de Talleres, que terminó en una tragedia.

Clarín publicó al día siguiente: "Después del clásico Talleres-Belgrano hubo un muerto, tres heridos de bala —dos de ellos en estado desesperante—, y más de 25 heridos. No hubo una versión oficial del enfrentamiento armado entre los hinchas de Talleres ni tampoco como se originaron."

La barra de Talleres, está dividida entre "La Fiel" y "Las Violetas", aunque de los dos sectores desmintieron el enfrentamiento armado "porque tenemos una tregua", divulgó Clarín. Hace tiempo que estas barras se disputan el liderazgo.

También hay casos como Los Ultras, fenómeno (al mejor estilo de los hooligans) que comenzó en los 80 en España, a la sombra del hooliganismo con un movimiento que fue creciendo y hoy en día cuenta con unos 25.000 adeptos españoles. Dentro de los ultras a la vez se dividen bandas, una de las conocidas son las "cabezas rapadas". Un dato curioso de éstas es que de lunes a viernes son enemigas y el domingo los une un territorio común y hacen tregua.

Suele ocurrir además, como ha pasado en el Mundial de Alemania 2006, que hinchas del mismo país, pero de diferentes equipos "firman" un pacto de no agresión entre compatriotas estando en el exterior.

Así lo hicieron los de Boca e Independiente que se hospedaron en Republica Checa (a 150 km de Frankfort). De todas formas, el 21 de junio el tratado se quebró. Hubo heridos con armas blancas. La policía detuvo a seis barras (viajaron 43) de Independiente (entre ellos los líderes Bebote, Peruano, Correntino, Tortuga y Rana) y 13 de Boca (los de segunda línea, los jefes no viajaron por estar implicados en un hecho judicial).

En marzo de 2008, Erick Silva de Olivieira (24 años), hincha del Corinthians de Brasil, murió a golpes a manos de su hermano Roberto (34), seguidor del Palmeiras, mientras ambos veían en su casa el clásico paulista.

AMIGOS SON LOS AMIGOS

Entre tanta violencia la amistad también existe entre barras de distintos equipos. Puede ser por simpatías entre jefes o simplemente para cumplir con favores. Unión en las peleas, robos, etc. De la misma manera, asados, bebidas o por vía mail, las hinchadas se declaran admiradores de otros clubes.

Otro motivo de unión puede ser por la policía. Es el caso de las barras de Deportivo Morón y Tigre de Argentina. Dos hinchadas enfrentadas a lo largo de la historia. En 1975 se pelearon antes del comienzo de un partido, pero ese mismo día, en el entretiempo, un oficial generó una amistad que parece eterna. El policía -que estaba borracho- apuntó con su arma a una pelota que pasó cerca de él. La gente del Matador empezó a burlarse. El uniformado no soportó las cargadas y realizó varios disparos hacia la tribuna visitante hiriendo en el pecho a una de las personas presentes. La reacción de la barra de Tigre no se hizo esperar y no dudó en comenzar a pelear contra la Policía. La hinchada de Morón se "solidarizó" y empezó a cantar "y pegue, y pegue, y pegue Tigre pegue...". La Policía detuvo al oficial borracho y lo trasladó a la comisaría al ver que las dos hinchadas intentaban destruir el sector de vestuarios buscándolo para vengarse. Aquel partido fue suspendido y como dice una bandera "Tigre y Morón, un solo corazón".

La relación entre Quilmes y Nueva Chicago nació por un sentimiento político. En una unión peronista en 1973 coincidieron gente de ambos equipos y se dieron cuenta que tenían cosas en común. La reciprocidad se soldó.

La alianza que existe entre los de Newell's Old Boys e Independiente es de no creer. Es raro ver dos barras de distintos equipos que se tiran "flores", o se ponen de acuerdo para cantar, en contra de Rosario Central o de Racing. Esta amistad nació en 1987. Los de Rosario hicieron un asado cerca de su estadio, (siempre escondían la parrilla en el techo de una casa) Horas antes del encuentro llegaron los de Avellaneda. La barra rojinegra se preparó para la pelea, pero los de Independiente se acercaron cantando "oy oy oy oy, oy oy oy oy / es el Glorioso Newells Old boys". Compartieron el almuerzo e hicieron las pases hasta el día de hoy.

Los Diablos Rojos, a la vez, mantienen una buena relación con Nacional de Uruguay. Todo surgió cuando Independiente viajó a Montevideo a jugar por la Supercopa de 1992 contra Peñarol. Un grupo de la barra del rojo pasó por la sede del Bolso para preguntar como llegar al estadio del carbonero. Había integrantes de la barra de Nacional y no sólo le indicaron el camino, sino que los acompañaron a la cancha y alentaron con los Diablos Rojos, contra su archirival.

Hoy por hoy es corriente el afecto adherido entre barras de diferentes países. El Alianza Lima de Perú envió fotos a la

Argentina de su hinchada con camisetas de Chacarita y allí se unieron. Los de Chaca mantienen a la vez una fuerte amistad con los del Colo Colo de Chile. En 1998 la Garra Blanca del equipo trasandino fue a la Boca, para un partido por la Supercopa. En Buenos Aires, se encontraron con siete barras de Chacarita. Llegó la hora del partido y eran 15 los argentinos. Fueron juntos al estadio de Boca. En el 2004, jugaron Central-Chacarita Jrs. El Guaton Igor (de la Garra Blanca) fue a la cancha a apoyar a Chaca. Ahí se formalizó el apego.

La amistad entre Gimnasia (LP) y Racing nació durante la permanencia de estos clubes en Primera B. El lobo descendió en 1979 y se enfrentó con la Academia cuando bajó en 1983. Los de la tribuna platense se sintieron identificados por su gran rivalidad con un enemigo en común: Estudiantes de La Plata. Comparten desde entonces una fuerte cordialidad.

Lo de Estudiantes de Buenos Aires y Wanderers de Uruguay se inició en 1903. Un año después de la fundación del primero. Wanderers viajó a jugar un encuentro amistoso. Luego del partido, existió un diálogo entre dirigentes del equipo uruguayo, quienes habían quedado asombrados por la hospitalidad brindada por sus colegas argentinos. En reconocimiento, los charruas decidieron cambiar los colores de la camiseta de Wanderers (era blanca y azul), y ponerle los colores blanco y negro. Aparte, se resolvió que los socios de Wanderers serían automáticamente de Estudiantes. Hoy en día la amistad continúa.

Atlético Rafaela de Argentina jugó la promoción ante Argentinos Juniors. El jugador Lucas Bovaglio (estaba en el Atlético Maracaibo de Venezuela) tomó la decisión de volver a vestir la camiseta de La Crema en caso de que logre el ascenso a Primera. Los hinchas venezolanos siguieron ese partido vía Internet y la radio que transmitió ese encuentro recibió más de 200 mails pidiendo que no se valla Lucas, ídolo y referente del Maracaibo. Rafaela no volvió a Primera y Lucas siguió en Venezuela, pero a partir de allí nació la amistad con la barra *Sin Vergüenza* del Unión de Maracaibo. El equipo venezolano participó de la Libertadores 2006 y fanáticos del conjunto argentino prometieron que estarían alentado cuando el Maracaibo juegue en Argentina. Fue más que eso, el jueves 9 de marzo de ese año, el Maracaibo enfrentó al Nacional en Montevideo, y se hicieron presentes dos hinchas argentinos en Uruguay, con camisetas y banderas del Atlético.

Otros:
Estudiantes (LP) - Peñarol (Uru).
Juventud Unidad (Arg) - Herediano (Costa Rica).
Tigre (Arg) - Independiente de Medellin (Col).
Deportes Tolima (Col) - Racing (Arg).
River Plate (Arg) - Millonarios (Col).
Argentinos Juniors (Arg) - Nacional (Uru).
Olimpia (Par) – Universidad Católica (Chi).
Olimpia (Par) – Velez Sarfield (Arg).
Cerro Porteño (Par) – Newell's (Arg).
Guarani (Par) – Racing (Arg).

VIOLENCIA EN ASCENSO

En todas partes del mundo el lugar donde se producen más hechos relacionados con la violencia es en el fútbol de ascenso. Es complicado encontrar una organización eficiente en clubes que apenas subsisten, en canchas que con suerte tienen alambrado (porque siempre está destrozado), en estadios donde las puertas de la hinchada local y la visitante se encuentran a pocos metros.

Los valores que se manejan en las categorías menores son inferiores por supuesto a los de primera y esto hace que las canchas tengan bajo nivel de seguridad. Pocas tienen circuitos de televisión cerrada. Los dirigentes siempre buscan pagar lo menos posible en cantidad de efectivos policiales. El problema es que suceden graves incidentes partidos que apenas concurren 200 espectadores o menos.

Como en todos lados existen los clásicos barriales. Las barras se organizan y se juntan para armar grandes bataholas. Los efectivos policiales no saben nada.

El equipo argentino Centro Español (hoy Social Español) de Primera B no tiene campo. En el 2002 hacía de local en la cancha de Ituzaingó (de la misma categoría). Una tarde se enfrentaba con Defensores Unidos de Zárate. Para el Comité de Seguridad del Fútbol Argentino no era un partido de alto riesgo, teniendo en cuenta que ninguno de los equipos jugaba por algo importante en lo deportivo, y además son clubes con escasos socios e hinchas.

En efecto, los 70 pesos recaudados ni siquiera alcanzaron para cubrir los 200 que se pagaron en adicionales a la policía, y ni hablar del alquiler del estadio.

Este conflicto no queda allí, porque a pesar que hubo menos de 100 personas en ese encuentro, la violencia se hizo presente de todas maneras. El propio presidente de Centro Español, molesto con el árbitro le arrojó desde la tribuna su teléfono celular. Hay dirigentes que acompañan a la violencia. Esa tarde, nadie vio quien arrojó el aparato y el superior del club sigue como siempre... un tipo agresivo.

En setiembre de 2006, los de Claypole estuvieron involucrados en dos escándalos en una semana. Contra Alem hubo una batalla campal en la cancha de El Porvenir y cuatro días después una pelea con los de Argentino de Quilmes arriba de un tren del Sur del conurbano que ante la mirada de pasajeros, utilizaron como armas pasamanos, asientos y ventanillas. Cuando llegaron a la estación siguiente, Llavallol, los esperaba la Policía Bonaerense. Se produjeron 88 detenciones. A la tarde quedaban 47 en la Comisaría 4ta. de Lomas de Zamora y la noche ya no había nadie.

En 18 días de la temporada 2006 en Argentina tenemos

datos escalofriantes. En 7 fechas en la Primera B Nacional, 8 en la B Metropolitana y 9 en la C y en la D hubo 16 incidentes de gravedad, 131 detenidos y 60 heridos hospitalizados (casi uno por jornada).

Esta es la Agenda que publicó Clarín el 22 de setiembre de ese año:

*1 Alem-Midland (6 de agosto): Era la 2ª fecha de la D. Los barras locales agredieron a los visitantes con palos y piedras: 2 heridos de balas de goma. Sin detenciones.

*2 Dálmine-San Martín de Burzaco (11 de agosto): Luego del partido la policía reprimió a los visitantes con balas de goma y gases.

*3 Morón-Estudiantes (27 de agosto): Emboscada de los locales en la estación de tren, impedida por la policía: 16 Detenidos.

*4 Ferro-Platense (2 de setiembre): Por la 5ª del Nacional B. Cruce de piedras entre ambas hinchadas dispersada por la policía con balas de goma. Un herido.

*5 Cañuelas-San Carlos (9 de setiembre): Enfrentamiento con piedras.

*6 Platense-Chacarita (9 de setiembre): Cruce de ambas hinchadas con la policía en la entrada a la cancha. 8 Detenidos. Un agente herido.

*7 Defensa y Justicia-Ferro (9 de setiembre): Emboscada de

los locales, pelea que duró 10 minutos. Reprimió la policía. Luego al final, los locales se enfrentaron con la policía nuevamente. 10 heridos de Ferro, 20 de Defensa y 10 policías. 4 Detenidos.

*8 El Porvenir-Italiano (9 de setiembre): Frustrada emboscada de los locales, detenida por la policía con balas de goma. 1 policía herido.

*9 Villa Mitre-Instituto (10 de setiembre): Al final del partido hubo una pelea entre jugadores en la que participaron también algunos hinchas.

*10 Claypole-Alem (11 de setiembre): Batalla campal en el campo de juego. 14 detenidos. Un herido.

*11 Instituto-Unión (16 de setiembre): Tras el partido, se cruzaron las hinchadas, hubo intercambio de piedras y botellazos. Un hincha detenido.

*12 Italiano-Morón (16 de setiembre): Enfrentamiento entre ambas hinchadas sin detenidos ni heridos.

*13 Lamadrid-San Miguel (17 de setiembre): Lluvia de piedras entre las hinchadas reprimida por la policía. Luego en el tren la gente de San Miguel fue apedreada por los de Morón.

*14 Colegiales-San Miguel (20 de setiembre): La policía retuvo a los visitantes en el estadio y los reprimieron con palazos y balazos de goma. Heridos leves.

*15 Claypole-A. de Quilmes (20 de setiembre): Enfrentamiento en un tren del Roca. Destrozo de 3 vagones. Hubo 15 heridos y 88 detenidos.

*16 Midland-V. Arenas (20 de setiembre): Piedrazos de la hinchada local. Pelea de jugadores, intervino la policía.

Si un equipo es desafilado por descender de la última categoría o suspendido a causa de la violencia, el barra brava no se queda triste en su casa, sino que busca otro club para seguir haciendo lo mismo.

¿Cómo detenemos la violencia en las canchas del ascenso? La misma pregunta nos formulamos con el fútbol de primera. Y la respuesta en cualquier divisional... no la conocemos.

QUITA DE PUNTOS Y DERECHO DE ADMISIÓN

Un arma de doble filo es la quita de puntos. El periodista Carlos Prieto explicó este fenómeno en Clarín (22-09-06): "La quita de puntos a los equipos cuyas hinchadas provocan incidentes figura en los reglamentos de la AFA", pero ya casi no se aplica. La razón principal es la oposición del titular de la AFA. "Ya se empleó y no pasó nada", reiteró Julio Grondona.

En setiembre de 2003, ante la insistencia de Javier Castrilli —entonces subsecretario de Seguridad en Espectáculos Futbolísticos—, Grondona aceptó modificar el artículo 80 del reglamento. Se estableció una quita mínima de 9 puntos para los casos en que los incidentes provocaran la suspensión del partido.

Esa temporada Colegiales y San Miguel, sancionados con el nuevo reglamento, descendieron a la C. Hubo un reclamo de los dirigentes para "salvarlos". Grondona mantuvo el castigo, pero resolvió que no volvería a pasar.

En los meses siguientes a varios clubes del ascenso —Estudiantes de Buenos Aires, Los Andes, Deportivo y Argentino de Merlo, Chicago— les quitaron 9 o más puntos por incidentes. Pero en todos los casos el Tribunal de Alzada de la AFA aceptó las apelaciones y les devolvió los puntos.

Ante la evidencia de que la AFA estaba desactivando la quita, Castrilli se mostró contemplativo: "La medida fue eficaz, aunque acaso no eficiente". Su subsecretaría ya había pasado a la órbita de aquel entonces ministro del Interior, Aníbal Fernández, quien le habría sugerido dar marcha atrás con el descuento de puntos.

En el reglamento hay otro artículo, el 79, que prevé descuento de 3 puntos cuando un club supera las 12 "amonestaciones" por hechos violentos. En las tres categorías superiores, el último club que recibió ese castigo fue Atlanta hace casi dos años.

Una razón que alegan en la AFA contra la quita es que la propia barra brava de un club puede extorsionar a los dirigentes bajo la amenaza de provocar la suspensión del partido. Algo que sigue pasando aunque el descuento no se aplique.

Dos miradas sobre el fenómeno

Pablo Alabarces (Sociólogo)

"Lo que debemos interrogarnos es sobre nuestro grado de tolerancia, considerando que los responsables políticos, económicos y culturales del fenómeno (de las barras) son presidentes de clubes y asociaciones, punteros, concejales, diputados, intendentes, gobernadores. Y ninguno nació de un repollo" (en Clarín, 12/9/06).

José Antonio Garriga Zucal (Antropólogo social)
"El aguante, como atributo, distingue a aquellos (miembros de la hinchada) que pueden ganarse el respeto de otros sujetos. La capacidad de ejercer la violencia es una de las cualidades que usan (...); no es la única, pero sí la distintiva, Un dirigente me decía que (...) son 'los que ponen el pecho a las balas'" (en Amigos y no tan amigos).

En el Gran Diario Argentino (12/09/06) Ariel Scher habló de las Hipocresías en el Fútbol: "Hace muchas violencias y hace mucho fútbol que casi todo lo que se afirma sobre la llamada violencia en el fútbol es hipócrita. La hipocresía con más historia fue parida en la boca de dirigentes políticos, deportivos y policiales que calificaron a los barrabravas de "inadaptados", "marginales" y "anormales". Pura mentira: claramente las barras están "adaptadas" al mundo de relaciones sociales que hay en el fútbol, no se ubican "al margen" sino en el centro de esas mismas relaciones y lo que hacen —liderar, golpear, amedrentar y hasta matar— es una condición "normal" del espectáculo del fútbol. Y no sólo eso: ese rol y esas acciones se construyeron con el amparo, el estímulo y, muchas veces, con el aval financiero de montones de dirigencias no sólo deportivas.

Otra hipocresía, un poco más moderna, consiste en suponer que se trata de una cuestión de resolución sencilla. "Si las leyes son duras, esto se acaba", sugieren algunos. "Hay que quitarle puntos a los clubes y listo", sostienen otros. Se trata de simplificaciones y ser simplista, en general, no es un modo inteligente de atender los problemas. Las barras ya no son lo que eran. Su red de vínculos, su poder económico, su impunidad consolidada y, sobre todo, su condición de núcleo de identidad para quienes las integran funcionan hoy con mucha más potencia que en otros tiempos. Los excelentes trabajos exploratorios del antropólogo José Garriga Zucal certifican cómo la violencia, "la cultura del aguante" y la decisión de "poner el cuerpo" para pegar y pelear tienen que ver con el horror, seguro, pero también con encontrar un espacio social al que pertenecer.

Hay, por lo menos, una hipocresía más. Buena parte de la sociedad que va a la cancha se escandaliza cuando las ferocidades le pasan cerca o se evidencian en la televisión. Pero, a la vez, esa misma sociedad canta en la tribuna violencias horrendas, ejecuta unas cuantas brutalidades y legitima los "folclores" más agresivos. No es parte de la violencia institucionalizada de las barras, pero expone violencias sociales enormes.

Hay días en que ese escenario de patetismos se expresa en trenes rotos y en cuerpos rotos. Sería una nueva hipocresía decir que esos trenes y esos cuerpos son lo único roto dentro y fuera del fútbol".

Otra manera con la cual se intenta erradicar la violencia es el derecho de admisión. Está claro que no es la única forma. Ya ha tenido dificultades. 5.000 personas llegan juntas sobre la hora y los barras entran igual de un u otro modo, que ni la policía se da cuenta (otras veces puede ser con la ayuda de ella).

El partido entre Racing y Boca en el Apertura 2006 fue postergado un par de semanas porque la gente de Racing pidió el derecho de admisión. Después de idas y vueltas había quedado la decisión judicial de permitir que los ocho miembros de la plana mayor de La Doce (Rafael y Fernando Di Zeo, Alejandro Falcigno, el Oso Pereyra, Topadora Kruger, el Mellizo Fernández, Diego Rodríguez y Roberto Tyson Ibáñez) fueran al Cilindro y de una forma decididamente insólita: a la platea y rodeados de ocho policías para garantizar que no produjeran ningún acto de violencia. Un despropósito que llevó al ministro León Arslanian, con la venia del gobernador Felipe Solá, a decidir que no querían el lunes ver esa foto inaudita en la primera plana de todos los diarios. Y chau clásico. Suspendido. Igual, el detonante no fue que Di Zeo pudiera ir a la cancha, sino la particular interpretación del juez de la forma en que debía hacerlo. Una alta fuente de la gobernación le dijo a Olé que "si el magistrado hubiese aceptado la medida cautelar sin la asesoría de llevarlos custodiados a la platea, probablemente no se hubiera suspendido el partido. Esto fue demasiado".

Olé explicó exactamente como se desarrolló todo: "Se sabía que el juez era proclive a conceder medidas cautelares, de hecho en el Clausura 99 ya había fallado a favor de Racing y en contra de la Provincia, cuando ésta intentó suspenderle el estadio por incidentes. Con ese dato, los abogados de los barras, Juan Martín Cerolini y Marcelo Rochetti, metieron el recurso ahí. El juez se excusó diciendo que debían presentarlo por mesa de entradas e ir a sorteo. Se hizo el sorteo y cayó en el Tribunal Número Ocho, que a las dos horas remitió el expediente otra vez a Calvente, diciendo que debía llevarlo él porque ya había tomado conocimiento del asunto. Ahí Calvente empezó a trabajar. Primero escuchó a los abogados y después citó a su despacho a Mario Gallina, en vez de llamar a los directivos de Blanquicelese, únicos que pueden ejercer el derecho de admisión en su estadio. El titular del Coprosede intentó convencerlo de que el derecho de admisión era legítimo y una herramienta válida. Pero no lo logró. Porque dos horas después, dictó su insólito fallo, justificando la primera parte en que los barras no tenían condenas firmes, y la segunda en que por la presunción de la sociedad de que eran violentos, les ponía custodia policial. "No tengo elementos para ratificar la decisión de Racing. Estos individuos tienen una connotación pública violenta, pero no hay constancia judicial firme de ello, por lo que la presunción de inocencia se mantiene. La sociedad debería entender esto", declaró Calvente.

Si bien no resolvía la cuestión de fondo, sino sólo resguardaba los derechos de los barras hasta que la próxima semana tomara la decisión final, en realidad ésta quedaba abstracta: con Di Zeo entrando al estadio, no quedaba nada por discutir. Eso creía él."

Después de esto, salió la "Ley antibarra". El Comité Provincial de Seguridad Deportiva (Coprosede) obtuvo la facultad para restringir el ingreso a los estadios de las personas que hayan sido identificadas por hechos de violencia en partidos de fútbol, según un proyecto de ley aprobado por el Senado provincial en noviembre 2006.

El denominado "derecho de admisión", era algo que hasta el momento sólo podían hacer los clubes. Ahora es el Estado y no los clubes.

El proyecto establece que el Coprosede podrá prohibir la concurrencia a este tipo de espectáculos deportivos, hasta tanto se determine la responsabilidad de los mismos, a los espectadores que hayan sido identificados como contraventores o hayan participado en hechos que motiven la intervención policial.

La ley trajo consigo un elemento importante. El Coprosede puede prohibir la concurrencia a cualquiera que haya sido identificado en un hecho que motive la intervención de la Policía, mientras dure el proceso judicial al que es sometido. Es decir, no se necesita que haya sentencia en su contra, flanco que permitía a los barras acudir a la Justicia (lo hizo Di Zeo contra Racing).

La ley también crea un registro público de infractores, donde estarán todos los nombres de las barras y sus delitos cometidos.

A Boca después de jugar con Racing, le tocaba Arsenal. El equipo del Sur, también realizó el pedido formal para aplicar en su estadio el derecho de admisión y la primera línea de La Doce volvió a tener prohibido el ingreso.

El Coprosede que dirige Mario Gallina confirmó que los 15 hinchas de Boca que por ese motivo no pudieron ingresar al estadio de Racing, tampoco podrán estar en el Viaducto. La nómina la encabezaban Rafael y Fernando Di Zeo, Alejandro Falcigno, el Oso Pereyra, Topadora Kruger, Tyson Ibáñez, el Mellizo Fernández y Diego Rodríguez, los ocho que en su momento habían interpuesto recursos de amparo, más Leonardo Chávez, Angel Díaz, el Vaca Alarcón, Hugo Zalazar, Juan Carlos Alejo, Paleta Amenedo y Juan Castro.

Aquella vez, Di Zeo y el resto no fueron a la Justicia para tratar de demostrar que el derecho de admisión es discriminatorio con respecto a ellos. "Ya está, ya hubo un fallo a favor y tras la presión que metió el ministro Arslanian, los jueces están condicionados", aseguró Juan Cerolini, uno de los letrados... "Rafa no quiere perjudicar a Boca así que no recurrirá a la Justicia", confirmó otro de los abogados, José Monteleone.

Por eso, otra vez Mauro, Fabián, Guille y Pocho estuvieron en el paravalanchas central, con el celular prendido por si llamaba Rafa, que monitoreó, tal como ya había ocurrido.

El derecho de admisión, no solo persigue a barras, sino a presidentes o dirigentes. Los hombres de traje también afuera.

JUGARON A MUERTE

El título de este capítulo es el mismo de la tapa negra de Olé del 9 de noviembre de 2006. La barra brava de Gimnasia amenazó de muerte a los jugadores de... Gimnasia. Claro, exigiéndole la derrota. Tenían que perder sí o sí con Boca para no favorecer a Estudiantes, su clásico rival que estaba cerca de la punta. Fue con armas, mensajes de voz y de texto. "Si ganan, les damos un tiro en cada pierna".

Aquella noche, parte de La 22, la barra de Gimnasia, mostró su prepotencia en Estancia Chica, lugar de concentración del equipo. Olé dijo: "Unos veinte hombres, cuatro armas y un solo mensaje: "Con Boca hay que perder sí o sí". Todo, porque el falso honor del hincha de Gimnasia no podía permitirse darle una mano a Estudiantes para continuar a un punto de Boca. Fútbol sucio, antes de esa apretada un integrante del plantel de Gimnasia se había reunido con un jugador de River. "Hay 3.000 dólares por cabeza", fue la oferta. Que llevada a números totales y pesificados eran unos 180.000 por afeitarle el bigote al Boca que en aquel entonces era dirigido por La Volpe. No veían delito "porque es para ir al frente". Pero resulta que los barras, los hombres que responden a tipos que sólo tienen de simpáticos los apodos (Torugo, Volador y Papupa), se enteraron de ese encuentro teóricamente secreto. Y ahí sonó el ringtone de un celular: "Agarrás esa guita y te vamos a buscar a tu casa para cagarte a tiros".

El Volador, Papupa y el Torugo son los jefes de la 22. No tienen la exposición de La 12, pero también es brava. Cristian Camillieri es el jefe y lo apodan El Volador. El segundo es Juan Pablo, Papupa y el tercero Fernando N. conocido como Torugo. Llegaron al poder en el 91, desde la muerte del Loco Fierro. Allí se presentó en sociedad el Volador tras provocar a los de Estudiantes en un clásico del 98. Luego se aferraron Torugo (era segunda línea del Loco Fierro) y Papupa.

Clarín 9/11/06: "El trabajo de los barras no se agotó en la tribuna. Alrededor de 20 de ellos aparecieron sorpresivamente en el playón cercano al vestuario de Gimnasia, un sector al que sólo se puede acceder con credenciales oficiales. Allí, hicieron todo lo posible por entorpecer el trabajo de los periodistas. Cuando Pedro Troglio, ex DT de Gimnasia atendió a la prensa, comenzaron a entonar cánticos de apoyo al técnico para ensuciar las grabaciones".

En aquella amenaza recibida el 8 de noviembre los jugadores no se sintieron respaldados por el presidente del club, Juan José Muñoz, quien negó que todo haya pasado (en la "reunión" también había dirigentes). Los jugadores comprobaron que los barras accedían rápidamente a los números de teléfono, direcciones de sus casas o nombres de los countries donde viven. Incluso a información sobre sus hijos. Ya se sabe por qué Boca ganó el partido 4 a 1 y por qué casi no gritó sus goles. Es que Gimnasia no podía jugarlo a muerte. Situación complicada.

Había jugadores divididos sobre la postura a tomar. Algunos querían ir al frente, otros no sentían que perdían la dignidad por una derrota deliberada. Ariel Franco fue el único que admitió el apriete. El resto desmintió lo que sucedió. Lo que hizo que la causa se caiga. Muñoz puso abogados que prepararon las declaraciones que los futbolistas, amenazados, hicieron en la fiscalía. Claro, tenían que tener cuidado con lo que declaraban porque la Justicia en Gimnasia es Muñoz.

Lógicamente los jugadores tuvieron miedo y se querían ir de la institución, pero la mayoría estaba en manos de dirigentes que los apretaban y de un presidente que burló a la Justicia. ¿Que dijo el presidente de la AFA de todo esto? Además de no ver el partido, Grondona explicó que los jugadores debieron haber denunciado las amenazas antes del encuentro. Tampoco puso en duda las declaraciones de Muñoz. Don Julio tiene un anillo que dice "todo pasa".

Un tiempo antes, el 7 de agosto de 2005, el celular de por aquel entonces arquero de Gimnasia, Aldo Bobadilla, sonó tres veces " Si perdemos el domingo te va a pasar algo". Aldo hizo la denuncia y a final de la temporada se fue del club. También le habían apedreado la casa.

Volviendo al caso, Olé publicó el 10/11/06 que Troglio había admitido la reunión pero que no se quiere ir ¿Por? "El presidente lo tiene arreglado. Parece que le prestó buena plata cuando al DT lo agarró el corralito del 2001 y después le dio trabajo como técnico de Gimnasia". Eso lo dejaba en deuda.

Por otra parte, el abogado de la barra de Gimnasia, Fernando Burlando fue propuesto por Muñoz como intendente de La Plata. Los une una fuerte amistad.

¿Porque Juan José Muñoz defiende tanto a la barra? Olé 10/11/06: "Demasiadas cosas vinculan a Juan José Muñoz con la barra. Tantas que, se dice, no hace nada sin su venia. Cuando ganó la presidencia el 27/11/04, Juan José Muñoz sabía cuál era la fórmula para eternizarse en el poder y licuar cualquier crítica hacia su gestión. El 60% de los socios triperos lo consagraron presidente. Justicialista. Manejaba la Asociación Mutual de Trabajadores del Estado (AMTE) y se vinculó con el banco Austral. Desde esa mutual, construyó un imperio: una financiera, una agencia de turismo, una constructora, una cadena hotelera, una aseguradora y más. Apenas subió, no le fue difícil hacerle entender a la barra quién era el hombre a seguir. Tampoco, claro, le eran desconocidos. Gran parte de La 22, como se llama la brava de Gimnasia, tiene planes sociales y trabaja en seguridad en actos del Justicialismo. De hecho, a uno de sus líderes, Cristian Camillieri, se lo ha relacionado con el diputado provincial Alberto Delgado. Y a todos les dio sus dádivas: a Fernando Núñez, alias Torugo, otro de los jefes, se lo ve a diario en la sede de AMTE. Su mujer atendía el Lobo Shop que vende merchandising oficial del club. Cuando éste cerró, no la dejó en banda: le consiguió conchabo en el Estadio Único.

Se entiende tanta devoción de la barra por el Tuerto Muñoz. Como agradecimiento, aprietan a la oposición y a quienes en La Plata denuncian el estado de las cosas. Lo sufrió el periodista Facundo Aché, de la radio La Redonda, a quien el club le retiró hasta la credencial para cubrir las prácticas y que recibió llamados intimidatorios. Los sufrieron aquellos que se oponían a irse del Bosque y colgaban banderas contra Muñoz en la cancha. Torugo y su gente iban y las rompían. Siempre respondiendo órdenes por handy".

Las apretadas han sucedido muchas veces más de las que nos enteramos. El miedo y las amenazas hacen que los jugadores callen. La visita de barras a planteles hubo siempre, y pocas ocasiones fueron para felicitarlos. Hay desde extorsión hasta pinchazos de las gomas de los autos (El 20/8/06 los barras de River tajaron los neumáticos de 17 autos de jugadores, cuerpo técnico y dirigentes, luego de la derrota ante Racing (1-3). El partido fue en Avellaneda y los vehículos estaban en el Monumental). Algunas causas siguen abiertas. Otras cerradas porque los jugadores desmienten.

En otras ocasiones hasta lograr el ascenso parece ser algo contraproducente. Los barras cantan todo el tiempo para conseguirlo pero una vez logrado, hay que amarrarse a lo que se viene. Godoy Cruz de Argentina, logró el ascenso a primera en mayo de 2006. Supuso no sólo aumento de las expectativas deportivas sino de las reivindicaciones materiales de los barras bravas, que exigieron un 10% del sueldo de los jugadores más transporte gratis a todos los partidos. Mendoza se encuentra a 1.037 kilómetros de Buenos Aires, donde se concentran la mayor parte de los equipos de Primera- cientos de entradas para la reventa -como local y visitante- y otra "aportación" personal de cada futbolista en los partidos fuera de casa.

El club y los jugadores no cedieron. Comenzaron las pintadas amenazadoras por toda Mendoza. El primer partido jugado en Primera como local fue suspendido a los 16 del primer tiempo por incidentes entre la barra de Godoy Cruz. (Saldo: 35 agentes heridos, 26 espectadores detenidos).

Las amenazas no sólo son para jugadores. También la sufren dirigentes a los que le solicitan entradas o algún pedido en especial. Hay clubes que no regalan entradas, pero aquellos directivos sufren presiones para conseguirlas o para juntar dinero para comprarlas. Diario Popular del 14/11/06: "De Cerro no sale la plata para comprar entradas, pero hay muchos dirigentes que son medio presionados a que le den 200, 100 mil guaraníes. Dan muchos versos a los dirigentes y así logran que ellos colaboren para que completen sus entradas".

Además, más de un vez la hinchada organizada decidió si transferir o no a un jugador. Estrellas que pasaban un buen momento futbolístico, y que contaban con las mejores ofertas del fútbol europeo. Todo cerrado, hasta que aparece la barra y si dice "Si venden a fulano, sos boleta". La respuesta de la dirigencia a la institución de Europa: "En este momento preferimos no venderlo, será la próxima".

También se ha dado con frecuencia el reclamo para que los jugadores "pongan más huevos". Una amenaza que ha traído varios encontronazos con jugadores, ya que se supone que los futbolistas juegan siempre con garra y corazón.

Por otra parte, en noviembre 2006, al DT de las inferiores de Rosario Central le exigieron dinero y que haga jugar a chicos de un empresario. Clarín 23/11/06: "Cansado de las amenazas, de las pintadas, de los agravios y de los panfletos en su contra, José Aurelio Pascuttini —coordinador general de la divisiones inferiores— se irá hoy de Rosario Central. "Todavía no es oficial porque no me reuní con el presidente (Pablo Scarabino). Pero voy a hablar con él para decirle que no sigo. Hasta acá llegué. ¡Basta...!", le confirmó Pascuttini a Clarín.

¿Qué pasó? La barra brava de Central pintó la casa del técnico. También hubo pintadas en la Ciudad Deportiva de Granadero Baigorria y en el centro de Rosario: "Hay pintadas por toda la ciudad y agresiones contra la propiedad. Pusieron Pascuttini ladrón, putañero, evasor de impuestos, corrupto, falopero. Y dos personas entraron impunemente al edificio donde vivo con mi familia para tirar unos papeles donde hablan de la plata que ganamos (Angel Tulio) Zof y yo, que son todas mentiras. Esto no hace más que confirmar las condiciones en que hoy está Central", reveló el propio entrenador. Pascuttini no quiso confirmar la versión de que la barra brava de Central le pidió parte del sueldo y, también, que ponga a los jugadores que lleva el gerenciador del club, Juan Carlos Silvetti.

Esta no es la primera agresión que sufre Pascuttini. "Hace 10 años me pegaron un tiro y en 2002, cuando Miguel Angel Russo me quería como nexo entre las inferiores y la Primera, me amenazaron de muerte. Volví para trabajar tranquilo en mi ciudad y si no tengo respaldo para poder hacerlo, no puedo continuar", siguió relatando. Las dos agresiones anteriores fueron bajo gobiernos del escribano Víctor Vesco. Aún se recuerda la reunión del 12 de marzo de 2002 en el hotel Riviera que contó con la amenazante presencia de Andrés Bracamonte, alias Pillín, y Paquito Ferreyra, capos de la barra.

AL PODER

El Mundial de 1934 se iba a realizar en Suecia o en Italia. Luego de dos congresos de la FIFA en Estocolmo (Suecia) y en Zurich (Suiza) se concluyó que lo organice Italia. La persona que más influyó para tal decisión fue el dictador Benito Mussolini, quien utilizó el campeonato de mundo para hacer propaganda de su régimen fascista en Italia y en el resto del continente.

En líneas generales, un dirigente debe tener mando, autoridad para decidir en los momentos claves, buen trato con los jugadores y con el cuerpo técnico. No corresponde pensar que el club es un lanzamiento personal sino el lugar en donde los socios han depositado la esperanza de sentirse bien administrados y respaldados. Pero no deja de sorprender como muchos sólo quieran poder y una vía para tenerlo es la barra brava.

Llegan las fechas de elecciones y los hinchas son más valiosos que nunca. Durante las campañas, las banderas con los nombres de los candidatos suelen ocupar espacios en las tribunas, claro que es oneroso.

En general detrás de toda barra siempre hay un "padrino" trascendental, algún político, empresario o persona con poder.

Se pueden detectar fácilmente a personalidades que asumen el liderazgo queriendo aparecer como especies de mecenas, mezclando los negocios propios con los manejos económicos de la entidad, y hasta es común ver como gobiernan por largos años casi sin oposición.

Es frecuente que el intendente de una ciudad sea el presidente del club de la zona. De ahí, surgen con desenvoltura las habilitaciones de los estadios, policías controlados, etc.

Otras veces muchos barras bravas aparecen en la lista de empleados del Congreso de la Nación, y algunos ocupan cargos en la Comisión Directiva de su club.

En general, la forma que alcanza la tarea política es el formato tradicional: dar algo a cambio de apoyo político. De ahí que muchos ex-presidentes de clubes se trasformaron o se postularon para puestos públicos.

Esta costumbre del "dar algo a cambio de..." originó el poder que tienen ahora algunas barras bravas, que logran constituirse con poderes paralelos. "El fútbol es un negocio seguro, porque la pasión no decae nunca" dijo Joao Havelange, ex presidente de la FIFA y al que Sebreli acusa de estar relacionado con la dictadura militar brasileña. (La Era del Fútbol, pág. 168). Sebreli dice también que "Mussolini, Hitler, Franco, Perón y hasta el senil Pétain fueron grandes propulsores del deporte y su ejemplo ha sido seguido por la mayoría de los dirigentes políticos del mundo actual" (pág. 156).

El periodista argentino Julio Ramos, fallecido en noviembre 2006, sostenía que el problema radica en que en los clubes se hace economía con los sentimientos, con las relaciones personales, con la lealtad, y eso parece arcaico a los empresarios.

Los presidentes de clubes –sostiene Ramos- piensan de esta manera: "se gana una elección y se asume un club semi-quebrado por tres o cuatro años. Durante los dos primeros se trata de administrarlo con corrección de acuerdo al ingreso. En el tercero, dice el dirigente: "Si sigo austero, soy impopular y pierdo la próxima elección. Mejor gasto, contrato y mejoro futbolísticamente al club. Si así gano, veremos qué hago con la deuda. Y si pierdo el problema será de otro". Así sucesivamente.

En Argentina los barras de Chacarita, son "amigos" de Luis Barrionuevo, ex – presidente de la institución, y por eso no es raro ver representantes de "Chaca" en los actos peronistas.

En el Mundial de 1982, el presidente de la Asociación Argentina de Fútbol, Julio Grondona, se reunió con el Negro Thompson, líder de la barra de Quilmes, que viajó a España a alentar al equipo y también incondicionalmente a Las Malvinas.

En 1986 los barras viajaron a México, también por una gestión de la AFA, y así los de River, Boca y Chacarita ingresaron sin problemas a los estadios mexicanos.

En el Mundial del 90, la AFA les pidió que gestionaran sus auspicios de manera privada, y por eso algunas banderas en Italia proclamaban candidatos a presidente de la República Argentina.

También jugadores se candidataron alguna vez, como es el caso del argentino Pedernera y más de uno como el paraguayo José Luis Chilavert admitió que quisiera ser presidente de su país.

En setiembre de 2006 hubo una asamblea del Wanderers de Chile. Los dirigentes debían definir algunos puntos de la institución. Se agarraron a los puños y se golpearon como nunca. Ese día quedó claro que algunos no querían ser una sociedad anónima. Indudablemente no se pusieron de acuerdo.

Lo que sí queda claro es la relación cercana que existe entre barras bravas y dirigentes o políticos.

FRASES

"La depredación y el vandalismo fueron practicados por las patotas de los niños bien antes que por las barras futboleras". Juan José Sebreli – La Era del Fútbol.

"Las barras bravas son como las brujas. Dicen que no existen... pero que los hay, los hay". Jorge Rial, El Intruso.

"En los años sesenta querías entrar al Gasómetro (se llamaba así al anterior estadio que tenía el Club San Lorenzo de Almagro), querías comprar una entrada popular... estaban las boleterías, que siempre eran pocas, y no había cola... tenías que agarrarte de donde pudieras y empujar... después llegaba la policía montada... ¿eso no era violencia?". Amilcar Romero, periodista especializado en Violencia del Fútbol Argentino.

"La violencia en el fútbol es ejecutada con la complicidad, el silencio y la cobardía de los dirigentes". Víctor Hugo Morales – Gente Nro. 2156 – Nov. 2006.

La mejor forma de prevenir violencia es no solventar barras (citado de memoria, por eso no está entre comillas). Gabriel Cazenave, Diario ABC.

ANTECEDENTES EN EL MUNDO

El 22 de setiembre de 1957, Carlos Héctor Gómez, hincha del club Sud América, fue agredido durante un partido de la división de Ascenso de España con el club Progreso en la tribuna del estadio de Belveder tras festejar un gol de su equipo y falleció a consecuencia de los golpes.

La justicia argentina nunca esclareció el origen de la avalancha del 23 de junio de 1968 en la puerta 12 del estadio de River Plate, al término de un clásico contra Boca Juniors, donde murieron 70 espectadores. La AFA aportó fondos para las familias de las victimas. Fue 0 a 0 por la fecha 17º del Metropolitano.

Moscú, Rusia: Se estima que al menos 340 personas murieron en un partido por la Copa de Europa entre el Spartak de Moscú y el conjunto holandés Haarlem. Las autoridades informaron sólo de 61 víctimas. 20 de octubre de 1982.

El 29 de mayo de 1985, se enfrentaron dos grandes del fútbol europeo, la Juventus y el Liverpool. Fue un desgraciado partido en el estadio Heysel de Bruselas, Bélgica, donde antes de la final de la Champions fallecieron 39 hinchas italianos. Una noche conocida como "La tragedia del Sector Z":

La UEFA vendió entradas sin separar a las dos hinchadas, y ocurrieron graves incidentes en las tribunas. En una carga de los hooligans se cayó un muro del viejo estadio y ocurrió una desgracia. Los tifosi se amontonaron, la policía no abrió las puertas que daban a la cancha por una razón de seguridad y pasó lo peor. Por la ley del business el partido se jugó igual... la Juve ganó gracias a un penal mal cobrado, ejecutado por Michel Platini. Juventus campeón de Europa, pero sin alegría. 20 años después: Antes de Liverpool-Juventus, dos viejos ídolos de los clubes, Ian Rush y Platini desfilaron en Anfield Road con 39 banderas, cada una con los nombres de los caídos en Heysel.

Trípoli, Libia: 20 muertos al colapsar una pared del estadio. 10 de marzo de 1987.

Katmandú, Nepal: 93 fallecieron y más de 100 resultaron heridos cuando las puertas del estadio estaban bloqueadas al final del partido. 12 de marzo de 1988.

LOS HOOLIGANS

En el año 1877, un hombre residente en Londres llamado Edward Hooligan se hizo conocido por ser alcohólico y protagonizar peleas en las calles de la capital inglesa. Sus escándalos aparecían en los diarios e impresionaban a la gente londinense. A partir de allí, todo aquel que no respetaba las normas establecidas era un hooligan. Edward se enfrentaba al que se oponía en su manera de beber cerveza. Un sin número de grupos comenzaron a imitar a Edward Hooligan provocando un desorden social.

El ejemplo de estas personas fue copiado y se expandió primero a Alemania, más tarde a Italia, Holanda y Turquía.

En 1890, el diario The Times aparece con el término "hooliganism" como un fenómeno de tipo social. Pero esa crónica no tenía que ver con el fútbol, sino con la aparición masiva de borrachos, y vagos en Londres.

En aquel momento el teatro era una señal espectacular y artística (no existía el cine). Se juntaron los máximos teóricos y llegaron a la conclusión que en el mundo existe un nuevo fenómeno: el fútbol, y es allí donde fueron a parar los hooligans.

El término comenzó a generalizarse como expresión popular y es en 1966, durante el Mundial realizado en Inglaterra, donde los Hooligans se presentaron en sociedad, ya organizados como las barras que conocemos hoy.

Hubo una época donde estuvo de moda ser hooligan o parecerse a ellos. Como ocurrió con tantas otras modas inglesas (de índole más pacífica) la del comportamiento de los hooligans fue también modelo de exportación.

Hoy en día, la prensa y la gente ya nos codeamos con ellos. En los diccionarios al hablar de hooligans se encuentran: hincha británico de comportamiento violento y agresivo, y otros significados como borracho, bravucón, vago, etc.

En 1985 los clubes ingleses fueron suspendidos por cinco años en las competiciones controladas por la Unión Europea del Fútbol Asociado (UEFA) y la cifra de muertes por alborotos de los hooligans comenzó a ser elevada.

Hector Vega Onesime, periodista que dirigió muchos años la revista El Gráfico, en su viaje por Inglaterra hace tiempo, donde iba en tren escribió: "Los vagones del alcohol intimidaban. Mi compañero de asiento, inglés él, nos previno: "Esto no es nada. El asunto es bien bravo al final. Por la alegría del triunfo o por la amargura de la derrota, aunque principalmente por la cantidad de cerveza que ya habrán acumulados sus fatigados cuerpos". Decía también que en el viaje de vuelta dejaron pasar varios trenes que transportaba a los más exaltados.

Inglaterra cambió y ha avanzado muchísimo en estos años, tanto que hoy en día las imágenes que tenemos del fútbol de ese país, son espectáculos donde se pueden observar estadios llenos de gente, donde ni siquiera existe un alambrado que separe el campo de juego con la tribuna, como sí lo hay en Sudamérica, mucho menos los fosos que ponen límites en este continente. Pero claro, las penas para un aficionado por ingresar al campo de juego en Europa no son las mismas que aquí. En el viejo mundo el error se comete una vez y se paga, con dinero, cárcel y/o, sin poder ir a la cancha por varios años.

Lo primero que hicieron en Inglaterra fue endurecer las penas, las que sí se cumplen por una férrea decisión política e independencia judicial, y después optimizar la organización del fútbol en general, lo que implicó nuevos estadios, un mejor orden, mayor confort y elevó considerablemente el costo de las entradas.

En materia de seguridad, las fuerzas policiales se perfeccionaron para cumplir tareas específicas en las canchas. Una de las maneras más efectivas que utilizaron los integrantes de este cuerpo de elite fue infiltrarse en las tribunas para identificar y aislar a los cabecillas violentos. Además aquellos violentos identificados debían permanecer en la comisaría mientras su equipo estaba jugando.

Toda esta tarea de reestructuración se llevó adelante en los 90, luego de los reiterados y graves incidentes que provocaron los hooligans en los diferentes estadios europeos, lo que había desencadenado la suspensión por cinco años de los clubes ingleses para intervenir en los torneos organizados por la UEFA. Aunque nunca se pudo erradicar la violencia del todo, los ingleses han dado un importante paso y por eso son utilizados como un ejemplo.

Más allá del entrenamiento que por precaución realizaron los policías de las fuerzas de seguridad japonesa, contando con la última tecnología antidisturbios, los hooligans no tuvieron lugar en la Copa del Mundo de Corea y Japón 2002.

De todas maneras se habían realizado simulacros y ensayos de más de tres horas de duración por día, en donde los ejercicios demostraban como la policía detectaba y desactivaba las hipotéticas bombas biológicas.

Lo mala noticia para los que nos gusta ver el fútbol inglés, es que se ha vuelto muy caro. Con la introducción de circuitos cerrados de televisión, con policías infiltrados entre el público, más el resto de medidas que fueron tomadas para abatanar la violencia han hecho que se vuelva un espectáculo de valores elevados. La buena noticia es que el índice de hechos vandálicos es bajísimo.

OTROS CASOS

El sábado 12 de junio de 2004 comenzó la Eurocopa en Portugal y algunas de las opciones del Gobierno para enfrentar a los hooligans fueron dejarle a los ingleses consumir marihuana libremente "sin ser molestados", ya que la policía de Lisboa haría la "vista gorda" para evitar tensiones.

Antes del comienzo del campeonato, se aclaró que la ley no condenará la posesión de la hierba mientras no represente una dosis exagerada. El gobierno portugués, sancionó además un decreto que establecía la creación de seis cárceles "provisorias" en las cercanías de las sedes para albergar a los hooligans antes de la expulsión a su país.

Luego del debut de Inglaterra (13/06/04), en el que perdió frente a Francia en tiempo de descuento, hubo problemas en Londres, donde se generaron graves disturbios y refriegas en distintos puntos del Reino Unido, con un saldo de 83 detenidos. En ese mismo torneo, el día 15 de junio más de 30 hooligans fueron arrestados en la playa portuguesa de Albufeira, en la segunda noche de actos de violencia seguida en esa ciudad del sur de Portugal. Pero no fue la última, el 19 del mismo mes, alrededor de 300 hooligans agredieron a la policía y provocaron incidentes en el mismo puerto, y así se disputó toda la Eurocopa, que sólo recuerda los partidos, como lo hacen el resto de los campeonatos, pero en donde el único seleccionado que tiene 100 % de asistencia es la violencia.

En octubre de 2004, salió una pauta en Bulgaria: Los hinchas que insulten en las tribunas se expondrán a 25 días de arresto. Otrosí de la detención, los culpables deberán pagar multas de entre 250 y 1000 euros.

En Polonia, la policía descubrió una bomba de seis kilos de dinamita en el baño de un estadio. Estaba lista para ser detonada a distancia.

Por otra parte, una de las noticias del Diario Olé del 14 de febrero de 2005 titula "Una muerte absurda" y habla sobre un hincha de Rosario Central de 17 años que trepaba para colarse en la popular y falleció luego de caer al vacío.

Ese mismo día lo mismo pasó con otro chico, de 16, que con un intento parecido quedó muy grave con una importante conmoción cerebral, además de fracturas expuestas en ambas piernas. Esta práctica arriesgada, donde hay que trepar tribunas de mucha altura (la de Central tiene aproximadamente 25 metros) es frecuente en el fútbol argentino. Ese país tiene el honor de ser el único en el mundo donde existe una asociación llamada "Familiares de Víctimas del Fútbol (FaViFa)".

La pasión de los hinchas puede ir más allá de lo esperado. El Real Madrid recibió en agosto de 2005 la solicitud de 300 familias para esparcir las cenizas de sus difuntos por el césped del estadio Santiago Bernabéu. Una propuesta que fue denegada por el club tras consultar al ayuntamiento de la capital española.

La idea no agradó en un principio a los responsables merengues, aunque, por otro lado, tampoco querían con su negativa crear malestar entre quienes demuestran ser tan buenos aficionados tanto en la vida como en la muerte.

El número de peticiones fue elevado y el club trató de frenar el aumento de las solicitudes de la manera más discreta posible y sin ofender a las familias. Los hooligans por su parte, están tan institucionalizados que tienen su propio cementerio en Carlisle, donde los ataúdes son pintados con los colores de sus equipos.

No son los únicos, Boca Juniors, del mismo modo tiene el suyo. Exclusivo para los hinchas xeneixes. Se utiliza la pasión para hacer un negocio tan viejo como la muerte.

El título de esta sección se llama "Otros Casos" y en este capítulo entra un dato muy curioso sobre el tema del libro. Es que las muñecas también son bravas… ¿Cómo? Sí, la juguetería Blighty Collectables sacó a la venta en marzo 2006 las "muñecas hooligans" y se desató una polémica en Inglaterra. Estos juguetes asemejan a los/las fanáticos/as violentos, vestidas con los colores de cada equipo. La Liga inglesa pensó en demandar a los fabricantes de estas muñecas que nada tienen que ver con Barbie, al considerar que podrían haber incurrido en un delito contra los derechos de propiedad intelectual de los clubes.

En alguna parte del libro quería incluir a aquellos que ingresan desnudos a los campos corriendo con pintadas en el cuerpo. Me pareció demasiado un capitulo exclusivo a pesar de que ha habido muchos casos de este tipo. La mayoría de las veces sucede en Europa. ¿El motivo? Ser famoso por un minuto, por publicidad, y otras veces simplemente porque tenían ganas de desfilar por la comisaría unas horas. Lo que sí consiguen es sacar alguna sonrisa al público.

En Paraguay en un clásico entre Olimpia y Cerro jugado en el Defensores del Chaco por el Clausura 2006 la policía tuvo que sacar a un hincha que ingresó al campo totalmente borracho. El hombre no podía caminar por la cantidad de alcohol que tenía su cuerpo. En ese mismo torneo en el estadio Feliciano Cáceres de Luque una persona entró antes del partido de su equipo con una remara blanca con el nombre de una mujer seguido de un "te amo". Salió publicado al otro día que fue un acto de amor. Valiente y un rato a la comisaría.

El 4 de octubre de 2006 los barras del Coritiba de Brasil estaban muy enojados porque su equipo llegó al octavo partido sin victorias. Tanto que quisieron golpear a los jugadores y dirigentes. Como no pudieron hacerlo en el entrenamiento lo esperaron en el aeropuerto de Curitiba.

Fueron unas cuarenta personas indignadas con la campaña de su equipo en la segunda división del fútbol brasileño. Se repartieron golpes con los jugadores y miembros de la comisión técnica.

La batalla campal, en la que también volaron asientos, recipientes de basura y valijas, ocurrió a la llegada del plantel a la terminal aérea de la ciudad, tras perder por 0-2 ante el Ceará, en Fortaleza.

Dos policías, que hacían una barrera de contención para impedir el contacto del público con los jugadores, fueron atropellados. El incidente terminó con la llegada de más policías y con lesiones de poca consideración entre los antagonistas. Por su parte, a pesar de los decepcionantes resultados, el presidente del Coritiba, Giovani Gionédis, confirmó la permanencia del entrenador Paulo Bonamigo.

Copa Sudamericana 2006: Colo Colo – Gimnasia. Se produjeron incidentes durante el partido por los cuartos de final en el Estadio Monumental de Chile. Hasta ahí es una noticia común hasta si se quiere. Lo insólito: Colo Colo le pagará 1.800 dólares a quien pueda identificar a la persona que le pegó con una piedra a Nico Cabrera de Gimnasia. El encuentro fue suspendido a cuatro minutos del final como consecuencia de la agresión contra Cabrera, que recibió una pedrada en la nuca y no pudo continuar jugando cuando su equipo ya había agotado los cambios.

El presidente del 'Cacique', Cristián Varela, opinó que "esta gente desalmada está causándole muchos perjuicios a nuestra institución y al fútbol chileno" y añadió que los dirigentes del club actuarán "decididamente y sin vacilaciones" para terminar con la violencia en los estadios... Seguimos aguardando.

En el partido de vuelta, los del Colo Colo no podían ingresar al estadio de La Plata pero a pesar de eso, viajaron igual unos ochenta para ver el partido. "Vamos a entrar", fueron las palabras del Paloma, líder histórico Garra Blanca, barra brava del equipo chileno. Pero por orden del CoProSeDe y por pedido del presidente platense, Juan José Muñóz, no podía haber simpatizantes visitantes en el estadio Único. Los barras del Colo Colo tenían estrategias para confundir a La Policía: llegar a La Plata al lado del micro que va a trasladar al técnico Borghi y al resto de los jugadores era una y la otra era ponerse camisetas de Gimnasia o la de Maradona. Todos tenían su misión: entrar al Estadio Único. Cada uno tuvo su camino pero a pocos le funcionó. Ese día la mayoría quedó afuera.

El 4 de noviembre de 2007 jugaron el clásico de La Plata, Estudiantes y Gimnasia. El arbitro Héctor Baldassi marcó el final de la primera etapa y allí se realizó el episodio que dio que hablar toda la semana. El jugador Luciano Leguizamón de Gimnasia cambió la camiseta con Sebastián Verón de Estudiantes. Los barras del Lobo no lo perdonaron y empezaron a insultarlo, primero cada uno por las suyas y después, a coro, con el "Leguizamón, Leguizamón andá a la puta que te parió". El jugador se dio cuenta del inconveniente y prefirió enrollar la camiseta y meterla dentro del pantalón. Al regreso para el complemento, los Triperos no olvidaron y le avisaron al DT Falcioni: "Sacalo al ocho la puta que te parió", cantaron. Leguizamón fue silbado en cada intervención que, casualidad o no, fueron menos destacadas que las del primer tiempo. Al final, se fue entre silbidos e indiferencia, reemplazado por Piergüidi.

Al día siguiente, la Comisión Directiva del club decidió separarlo del plantel. Luego informaron que la sanción estaba en evaluación y quedó sin efecto.

ACTITUDES RACISTAS

Las actitudes racistas no sólo se manifiestan en el mundo laboral, en la educación o con amigos. En España e Italia, y en menor medida en el resto de Europa, el racismo es uno de los principales protagonistas en las canchas y se muestran con banderas, pancartas y pintadas, etc.

En abril de 2000 la Comisión contra la Violencia en Espectáculos Deportivos dio a conocer en el informe que España era el país con menos violencia de este tipo en Europa. Esto no implica la ausencia de revuelos en las canchas, pero nos indica que el porcentaje es menor que en otros países. Hoy en día, en España los estadios cuentan con el 100% de asientos numerados, y no hay espectadores de pie.

De todas maneras siempre hay espacio, como en noviembre de 2004, en el Bernabéu, donde hubo burlas racistas a jugadores de color de la selección inglesa, y coros cada vez que los brasileños Roque Junior y Juan tocaban la pelota, en el empate 1-1 entre Real Madrid y Bayer Leverkusen, por la Liga de Campeones. El grupo de hinchas denominado Ultra Sur, hizo saludos nazis según lo comprobaron imágenes televisivas. Por eso en la UEFA se analizan constantemente sanciones.

En Roma, la policía localizó debajo de un puente de una avenida (zona de extranjeros) un arsenal de 45 bombas con seis kilos en explosivos. En otra oportunidad, cuatro ultras (son llamados así también en Italia, al igual que en España) prendieron fuego a un grupo de inmigrantes sin techos. En el callejón había un marroquí, un montenegrino, un tunecino y una moldava. La excusa fue: "Lo hicimos porque estábamos aburridos".

En un partido entre el Bari y el Torino, el técnico Eugenio Fascetti dijo sobre Ciril Diawara, jugador de color del Torino: "Por qué no se queda en su casa éste... su sangre puede estar infectada". Hubo una multa económica para el Bari, cuatro fechas de suspensión para Diawara; y para el DT... nada.

El racismo está tan instalado en Italia, no sólo con los extracomunitarios sino con los propios italianos del sur. El 70% de las hinchadas es de extrema derecha. Al volante argentino Juan Sebastián Verón, alguna vez jugador de la Lazio "le recomendaron" borrarse el tatuaje del Che Guevara.

Banderas y pancartas de claros signos nazis son siempre expuestas por parte de grupos de aficionados como los de la Lazio en su visita al estadio "Armando Picchi", con motivo de enfrentar al Livorno en el 2004.

Los seguidores del conjunto celeste, expusieron una pancarta que recordaba al eslogan nazi "Gott mit uns" ("Dios está con nosotros"), además de situar también algunas banderas con cruces gamadas y otras decenas negras.

El 28 de agosto de 2005 comenzó una nueva temporada del Calcio, y en la primera fecha, los fanáticos de la Lazio le gritaron varias veces a propósito del color de la piel del marfileño Marc Zoro, del Messina y, por si fuera poco, hicieron ruidos de monos. Nada gracioso.

No es la primera vez que sucede algo parecido con aficionados del equipo romano, y de otras instituciones. Del mismo modo, los hechos ligados al racismo existen conceptualmente con el color de las camisetas.

Inglaterra también es parte de este conflicto, hoy en día, en menor medida que en Italia o España.

En noviembre de 2004, dos hinchas ingleses fueron sancionados con 1000 libras esterlinas cada uno y la prohibición de asistencia a las canchas por cinco años, después de que jóvenes del Blackburn Rovers lanzaran insultos racistas contra el atacante de color, que en aquel momento jugaba en el Birmingham, Dwight Yorke.

Por otro lado, el 15 de abril de 2005, después de estar dos noches en prisión fue liberado Leandro Desábato, jugador argentino de Quilmes, que fue detenido por injurias, denunciado por el delantero brasileño Grafite del Sao Pablo, después de decirle "negro de mierda" en un partido de la Copa Libertadores jugado en Brasil. El juez Zilli entendió que el delito no requiere detención y sólo una multa de 10.000 reales. (3.878 dólares.)

En Brasil también está instalado el asunto, Sebreli cuenta una historia cuando se creaban los primeros equipos estables y surgían los primeros choques entres los jugadores de la clase alta y los de clase baja. El presidente de Brasil, en aquel momento, Epiácio Pessoa, "prohibió, aduciendo razones de prestigio internacional, que jugadores negros participaran en la selección brasileña que viajó a Buenos Aires para disputar la Copa América. El único jugador mulato del Fluminense debía disimular su color cubriéndose la cara con polvo de arroz".

Ejemplos pueden haber muchos más, pero no podemos analizar a la discriminación en el fútbol extirpada de la violencia simbólica que sufren las minorías, la exclusión social o lo que fuese.

La FIFA, por su parte, recién en el 2010 le dará un mundial de fútbol al continente africano, que actualmente cuenta con cinco representantes en los mundiales (Sudamérica tiene 4,5). Tal vez sea una forma de compensar la marginación entre 1934 y 1970.

Quiero sacar las líneas siguientes del Gráfico nro. 4340 que dice: "Hace años, una docente argentina leyó, ante chicos de primaria, la historia de un asesino serial. Y al terminar, les entregó a todos una foto de un negro y otra de un blanco. Al señalar al agresor, casi todos apuntaron al negro. Era Martin Luther King. Y el rubio, Alfredo Astiz."

En esa misma revista, uno de los recuadros dice: Ser o no ser, es la cuestión y se trata de Wilson Oliver Elias quien "fue campeón del mundo con Nacional de Montevideo en 1988. Pintaba bien hasta que lo vieron en un boliche gay, y se enteraron. Lo vendieron, fue a Venezuela y a Guatemala donde le gritaron de todo, según relata, hasta que se retiró en la Segunda Uruguaya. El técnico de la selección uruguaya, Jorge Fossati, dijo alguna vez que los homosexuales no deben integrar un plantel profesional. Daniel Pasarella había dicho que nunca convocaría a un gay.

En Argentina es de público conocimiento que el equipo Atlanta de Villa Crespo, lugar donde viven gran cantidad de judíos, fue varias veces recibido con jabones, sobre todo por la barra de Chacarita, su rival de la zona. Otros clubes ligados a la comunidad judía son la Roma de Italia, el Ajax en Holanda, el Tottenham en Inglaterra, entre otros.

Un estudio presentado en Berlín el 14/9/05 se adentra en el capítulo más oscuro en la historia de la Federación Alemana de Fútbol (DFB), el de su cooperación con la dictadura nazi.

Sesenta años después del final de la Segunda Guerra Mundial (1939-1945), la obra de 473 páginas de los historiadores Nils Havemann y Klaus Hildebrand lleva el título "El fútbol bajo la esvástica - La DFB entre el deporte, la política y el comercio" y según los autores, la federación cooperó con los nazis sobre todo en los primeros años de la dictadura, pero más tarde disminuyó su entusiasmo con el sistema. Sus miembros judíos fueron primero excluidos de la organización y más tarde asesinados.

Julius Hirsch nació el 7 de abril de 1892 en Achern, Alemania, y antes de ser asesinado el 1º de marzo de 1943 en Auschwitz, llegó a ser wing del Karlsruher y la selección alemana. Participó en los Juegos Olímpicos de Estocolmo de 1912, se retiró en 1925 y en los años treinta alternó su profesión de contador con la de entrenador en Francia. Volvió a su país y por su condición de judío lo mataron. La fecha "oficial" de su muerte es 8 de mayo de 1945.

LOS HINCHAS

Según como lo explica Sebreli en La Era del Fútbol, el término surge en Montevideo, donde Prudencio Miguel Reyes, era el encargado de "hinchar" la pelota de su club, Nacional, al que además alentaba en todos los partidos. La expresión pasó de Uruguay a la Argentina y luego a España. La pasión del hincha no alcanza por lo general, un balance racional. La prueba es que el buen juego de un equipo no va a ser aplaudido por los partidarios del contrincante.

La elección de un equipo responde en factores irracionales y subjetivos. Uno es hincha de un club, porque el padre, el hermano, el tío o alguien querido lo es. Puede ser porque reside en la zona de la sede de la institución, o porque es el equipo que está ganando en el momento de la elección. Juan José Sebreli, dice que "se puede cambiar de pareja, de amigo, de país, de partido, de ideas, hasta de religión; pero nunca se cambia de equipo (...) El hincha no elige el club, como no elige el estilo de la ropa que usa, sino que simplemente sigue la corriente, la moda vigente en el grupo al que pertenece, como en última instancia tampoco elige sus opiniones políticas o religiosas que también son de confección". Es la irracionalidad en la elección la que hace que no haya motivos para cambiar de club.

El hincha es más abierto, podemos encontrar diferentes tipos a diferencia de las barras bravas. Entre los hinchas localizamos también gente racional, personas que van a apreciar el fútbol, a pesar que no sea el denominador común. La mayoría se deja llevar por la pasión o el sentimiento. En las tribunas hay todo tipo de personas. No olvidemos que entre los hinchas también encontramos el racismo o la xenofobia.

Existe además una gran cantidad de aquellos a los que le gusta mirar un encuentro sin tener favoritismo entre las camisetas, son muy cambiantes o les gustan los jugadores por sus individualidades, y si estos se mudan a otro equipo, sus seguidores también lo hacen. Así, el jugador puede ser amado por los fanáticos de una institución, y al pasar a otra tal vez sea odiado por los mismos apasionados. El futbolista no se olvidó de su calidad, simplemente cambió de camiseta.

El hincha va a ver el partido de fútbol del mismo modo en que se viste, habla, piensa, y se comporta como lo hacen los demás, para no quedar excluido del circuito "normal", para no pasar como raro o anormal. El periodista argentino Monsieur Perichon comentó que el hincha individualmente considerado tiene una tendencia marcada al espíritu gregario. Huye de la soledad como de una mala sombra. Como en el fondo es un débil, necesita respirar el ámbito de la complicidad para estar en sus anchas.

Sebreli indica que "la pasión por el fútbol es provocada por la falta de identidad del hincha, esto se da sobre todo en el adolescente, y es precisamente en esa edad donde la pasión llega a su mayor altura. Después el individuo comienza a interesarse en otras actividades, como el estudio, trabajo, sexo, política y pierde interés en el fútbol".

La débil identidad del adolescente se acentúa en el perteneciente a la clase media baja, clase baja o en personas que no están insertas en ningún trabajo ni estudio. Por lo general, el hincha común es soltero y desocupado, o sin ocupación fija. El fenómeno de la barra juvenil surge en ciudades donde las clases populares tienen origen campesino, por eso no es casualidad que los primeros clubes de fútbol populares hayan tenido su sede en barrios obreros. En Paraguay es el caso de Cerro Porteño o Nacional, en Argentina Boca o San Lorenzo.

El joven obrero inmigrante se identificaba con el barrio, en 1920 cuando nacía el fútbol, la extensión de los transportes era mínima, y el barrio estaba comprendido por el almacén de la esquina, por el café con billar, el puesto de diarios, y no mucho más, por lo tanto las personas estaban identificadas con todo ello que le otorgaba el sentimiento de identidad.

Cuando se levantó en La Boca el estadio, para un vecino ser hincha de otro club que no sea Boca Juniors significaba un alto grado de disconformidad de los demás.

Cuando dos clubes coexisten en el mismo barrio, se da un conflicto interno de la propia identidad en las personas, y ocurren las mayores rivalidades deportivas, el típico clásico de barrio.

El hincha tiene como rasgo el autoritarismo pasivo, la diferencia entre este autoritario con el activo (barra brava) es que el primero tiene cualidades como la lealtad, el deber y la obediencia ciega, y por ende es incapaz de tener iniciativa propia, como si el autoritario activo, con capacidad de liderazgo y generador de violencia.

¿Cuál es el nivel de análisis del hincha? ¿Que quieren en realidad? ¿Cuál es el nivel de tolerancia? Julio Marini escribió en el diario Clarín el 15 de noviembre de 2004: "... esos hinchas de Boca que insultaron e increparon a Carlos Tévez en el playón de estacionamiento tras el partido ¿Quién les dijo que son invencibles? ¿Cuál es el libro en el que leyeron que Tévez es perfecto y debe jugar siempre excelente? ¿Qué derecho tienen para atacar verbalmente a su figura y qué código nuevo patentaron para relajar a su joven ídolo? Y continúa: "O los ya tradicionales escupidores profesionales que se ubican cerca del banco de suplentes visitante en la Bombonera, y que como siempre actuaron y, esta vez terminaron dejando a Reinaldo Merlo empapado de saliva y a cualquiera que lo vio, colmado de vergüenza ajena. ¿A qué juegan esos hinchas? Y no hablamos de las barras bravas profesionales porque ninguno de estos casos fue protagonizado por ellos. Estos son supuestos hinchas que quieren los colores, genuinos, civilizados a pesar de algún exceso, pasionales...Bah, trogloditas de estadio."

El periodista Dante Panzeri se refiere a los hinchas y dice: "Más que concurrentes al fútbol son enfermos, aún no reclutados como tales dentro de los servicios médicos y farmacéuticos. Unos peligrosos, otros inocuos, pero enfermos al fin, puesto que sufren. Y hay que convenir que quien deja suplantar su personalidad más frecuente por otra que se regula según la suerte de una divisa deportiva es un enfermo puesto que no es un individuo equilibrado ni controlado".

LA POLICIA

El rol del policía aparece relacionado como una percepción de estado, y muchas veces seguido por la represión de las clases bajas. En 1993 en un clásico entre River y Boca por la Copa Centenario en la cancha de Velez, la hinchada de River tuvo un enfrentamiento con la policía y desde la tribuna de Boca se empezó a cantar "Y pegue, y pegue, pegue River, pegue". Puede haber choque "a muerte" entre River y Boca, pero el máximo enemigo de la barra es la policía. Estos están en las populares, y generan violencia sólo con su presencia.

Gabriel Tuñez, de la Agencia Infosic, sostiene que hay dirigentes que no buscan las causas de los problemas, sino la negligencia policial cuando no aparecen los efectivos.

Comúnmente, la fuerza pública, es vista con gran recelo por una gran parte de la sociedad, y se ha convertido en un agente represivo.

Tal vez por falta de una pedagogía propia para su trabajo, es común ver como los policías se exceden y abusan de su autoridad, maltratando a la gente. Quizás son fanáticos de algún equipo y se están descargando, aunque traten de demostrar que son neutrales. Los policías no diferencian entre un barra brava y un hincha pacífico y castigan a todos.

Es paradójico como los que deben "imponer" el orden, son a veces los "promotores" de violencia. Muchas veces, fue contraproducente que la policía se ubique en la tribuna popular, donde se estaciona la barra brava.

Juan Fernando Rivera Gómez, antropólogo de la Universidad de Antioquia de Colombia dice "que el hecho no es que la policía desaparezca del estadio, pero si debe comenzarse a pensar que en la actualidad, la fuerza pública, y en el marco de la violencia que está apoderándose cada vez más de los estadios de fútbol, la policía, metafóricamente, podría decirse que se ha convertido en una barra más, en peleadores callejeros, ya que al dejarse llevar por las emociones del conflicto, de la lucha, de la beligerancia, muchas veces no utiliza los mecanismos de instrucción militar propios para el control de motines, y al mismo "ton y son", ritmo de los barristas, se agreden entre sí de la misma forma, tirándose piedras, insultándose, y en el peor de los casos agrediéndose a diestra y siniestra, involucrando quizá gente que no tiene nada que ver con el problema".

El 11 de noviembre de 2005, un policía (el cabo Marcial Maldonado) hirió a un futbolista de un disparo con balas de goma, que le perforó un pulmón durante unos incidentes ocurridos en pleno campo de juego donde se disputaba un partido del Nacional B Argentino, el clásico entre San Martín de Mendoza y Godoy Cruz.

Carlos Azcurra, del club San Martín, trató de frenar a los

policías que disparaban hacia las tribunas en medio de los incidentes.

El defensor no volvió a jugar. Aquel día fue operado durante casi cuatro horas, le extirparon parte del pulmón y estuvo al borde la muerte. Ocho policías fueron separados de sus funciones.

La Policía española, por su parte, estudia utilizar pulseras electrónicas para vigilar a los hinchas violentos y así tenerlos controlados en las horas de los acontecimientos deportivos. Los brazaletes tendrán incorporado un chip que emitirá una señal por la que las Fuerzas del Orden sabrán en todo momento dónde se encuentra la persona vigilada.

"No tuve la intención de matarlo. Se me escapó el tiro porque me trastabillé. El arma estaba sin seguro, se golpeó y provocó el disparo porque yo tenía el dedo en el gatillo" (Clarín, 18/10/05). Esta fue la frase del comisario Juan Carlos Furnus, después de asesinar a un hincha de Estudiantes de Buenos Aires, Mauricio Daniel Suárez, de 26 años, a quien mató con un disparo de Itaka en el cuello a menos de 50 centímetros de distancia.

El 9 de octubre 2006, un policía de la Bonaerense argentina fue sancionado. No le pegó a un civil que se portaba bien, tampoco faltó a su jornada laboral, sino que festejó un gol. Si, a la cama sin comer. Le dieron 10 días de suspensión a un agente que celebró el gol de Estudiantes ante Lanús. Lo culparon por "tener actitudes impropias de su cargo".

El titular de la comisaría segunda de Lanús, capitán Adrián Castelli, explicó que fue él mismo el que vio al hombre de seguridad festejando el gol de Estudiantes y, tras retirarlo del estadio, le impuso la suspensión por actitudes impropias a sus funciones. La actitud del policía molestó a los simpatizantes de Lanús que se encontraban cerca y que le arrojaron cuanto tenían al alcance de sus manos. La calma renació cuando el agente fue retirado del lugar.

El 2 de febrero de 2007 la Federación Italiana decidió suspender el fútbol por unas semanas a causa de la muerte de un policía. Barras del Palermo y el Catania se enfrentaron en las afueras del estadio mientras se jugaba el clásico de Sicilia, en la fecha 22da del Calcio. El agente Filippo Raciti, de 38 años, falleció al llegar al hospital luego de que una bomba casera le explotara en la cara durante los incidentes. El fútbol retornó con partidos a puertas cerradas. Tiempo más tarde se normalizó.

El 11 de noviembre de 2007, Gabrile Sandri, de 26 años, viajaba a Milán para ver a la Lazio ante el Inter. Paró junto a cuatro amigos en una estación de servicio de la región de Arezzo. Se toparon con hinchas de la Juventus (iban a Parma). Hubo insultos: "Lazio va fan gulo" y "Juve Serie B". Intervinieron dos patrulleros y un policía disparó dos veces, una bala dio en el cuello de Sandri. Murió de inmediato. El oficial argumentó que fue algo "accidental, al disparar al aire como aviso". No explicó por qué, si las balas iban al cielo, como una dio en Sandri. Esa conferencia de prensa fue televisada en directo. La vieron tifosi de toda Italia y muchos recordaron que en febrero, cuando el cabo Raciti falleció en la calle, en incidentes tras Catania-Palermo, en menos de una hora las autoridades pararon todo el fútbol. Esta vez, la Federación Italiana sólo suspendió Inter-Lazio.

Algunos tifosi de la Lazio fueron hasta el barrio San Siro, el del estadio Meazza, y junto con una mayoría del Inter (ambos grupos son de derecha) marcharon con una bandera: "Por Raciti paran el campeonato, pero la muerte de un hincha no significa nada".

Además, los barras del Atalanta también se alteraron por lo ocurrido. Iban siete minutos del partido ante el Milan, y ya habían roto parte del blindex que los separa del campo de juego. Dijeron que sólo desistirían si se paraba el juego. Así ocurrió. El otro choque suspendido ese día fue Roma-Cagliari, ante la evidencia de que, por lo que pasaba en el resto del país, podían producirse incidentes. De todos modos, sucedieron. Cerca del estadio Olímpico se quemaron autos, motos y un colectivo. La sede del Comité Olímpico Italiano sufrió destrozos externos e internos. Se habían conectado a través de Internet para encontrarse en una plaza y vengar la muerte de Sandri. Los tifosi se unieron por el odio que sienten hacia la policía.

FRASES II

"Yo creo que una solución para frenar la violencia es la verdadera solución inglesa: transformar el fútbol en un fenómeno caro, de modo que los sectores populares no concurran a las canchas y lo vean por televisión". Marcelo Gantman, Radio Rock And Pop - Argentina.

"Se trata de un flashing del sentimiento; a diferencia del público, la barra brava ni siquiera mira el partido: es ciega al match como es ciego el amor (y como el amor, necesita ser gritado, coreado, compartido; en definitiva, proclamado)". Amir Hamed, escritor uruguayo.

"No hay club que no tenga barra brava y no esté profesionalizada". Amilcar Romero, especialista en Violencia en el Fútbol Argentino.

"Esta bien que vayan a alentar, pero hay que eliminar la violencia, no la barra, y que los dirigentes que conocen quienes hacen lío dejen de decir: yo no los conocía". Gastón Recondo. TyC Sports – Argentina.

"Los plateistas son intrusos, no sé para que vienen". Un barra brava al ser entrevistado.

OTROS ANTECEDENTES DEL MUNDO

Sheffield, Inglaterra: Murieron 95 personas durante el partido entre Liverpool y Nottingham Forest por la semifinal de la Copa de la Federación Inglesa de Fútbol. 15 de abril de 1989.

Orkney, Sudáfrica: 40 personas muertas, la mayor parte, aplastadas contra las cercas al desplomarse una tribuna del estadio. 13 de enero de 1991.

El 19 de setiembre de 1992, al finalizar un partido, se enfrentaron las hinchadas de los clubes uruguayos Basáñez y Villa Teresa a la salida del estadio. En el incidente murió Wellington Castro, de 51 años, quien fue aplastado por un caballo de la policía.

Otro hecho que impactó al mundo fue del homicidio el 2 de julio de 1994 en la ciudad de Medellín del defensa Andrés Escobar, "castigado" así por el autogol que marcó mientras jugaba para la selección de su país en la Copa del Mundo de Estados Unidos.

En Lusaka, Zambia: El 16 de junio de 1996, al menos 9

personas murieron y 52 resultaron heridas después de una estampida de aficionados en la victoria de Zambia sobre Sudán por las eliminatorias para el mundial de Francia 98.

El 20 de abril de 2003, un grupo de hinchas y barra bravas de River y de Newell's se desafiaron en una batalla campal con armas de fuego y armas blancas. Se cruzaron en un peaje (Km. 94,5 de la Ruta 9). River viajaba a Rosario para jugar ante Central y Newell's a Buenos Aires para enfrentar a Boca. Dos muertos y 13 heridos.

LOS ARBITROS

Nos podemos remontar al Mundial de Uruguay en 1930. El juez designado para la final fue el belga John Langenus. Ya en el primer campeonato de la categoría el árbitro no quería dirigir por la inseguridad, estaba asustado a lo que podía suceder si pitaba mal. Finalmente aceptó mandar el encuentro sólo por una póliza de seguro de vida que le ofrecieron.

Los hombres vestidos de negro (generalmente), tienen la última palabra y son los encargados de suspender un partido de fútbol. Después de la policía son de los más odiados en una cancha por los barras bravas, pero en diferentes ocasiones pueden ser la causa de violencia mediante errores groseros, o sanciones de jugadas polémicas que puedan enfurecer al público, el cual no debería reaccionar sea cual fuese la decisión del juez.

El gremio de los "hombres de negro" ha realizado más de una vez un paro de árbitros (y lo sugirieron muchas más). Cada vez toleran menos el mínimo incidente para hacerse la pregunta: ¿Debe pararse el fútbol?

El vicepresidente de Velez, Raúl Gámez propuso alguna vez la posibilidad de que en los partidos denominados de alto riesgo puedan concurrir solamente los hinchas locales, lo cual abarataría costos y se podría controlar mejor la tribuna. Esta medida está más cerca de ser un castigo pero... ¿sería una solución?

El 10 de setiembre de 2006, fue suspendido un partido por la sexta fecha del Apertura argentino. El arbitro Daniel Jiménez recibió la visita en el entretiempo del presidente de Gimnasia, Juan José Muñoz, y decidió suspender el encuentro. Más tarde, Muñoz reconoció que no tenía nada que hacer en el vestuario de los árbitros. Pero el fallo fue controvertido. El ente punitivo de la Asociación del Fútbol Argentino decidió que los 45 minutos que restaban al partido entre Gimnasia y Esgrima La Plata y Boca se completaran con la presencia de público y al club de la capital bonaerense le fue aplicada una multa económica (11.000 dólares) por las amenazas que le profiriera su presidente, Muñoz, al árbitro de ese cotejo, Daniel Giménez. No hubo quita de puntos para la entidad platense, aunque el Reglamento de Transgresiones y Penas, en tres de sus artículos, así lo permite y estipula. En síntesis, un fallo que completó el bochorno, luego de los seis meses que se le aplicaron a Muñoz.

Dos semanas después, un espectador, Jesús Tovar pidió perdón por tirarle un encendedor al línea Horacio Herrero en Colón-Velez. Aquel partido fue suspendido a los 42 del primer tiempo por el árbitro Saúl Laverni. Tovar reconoció estar borracho. Hubo otro arrepentimiento en la misma causa, de Adrián Ramseyer, quien atacó a Tovar para luego entregarlo a la Policía. Absurdo hecho de violencia. Suspendieron el partido. El que estaba alado de Tovar decidió hacer justicia por mano propia y él mismo le dio una paliza en plena platea. Ramseyer, 35 años, empleado metalúrgico y socio de Colón desde 1983 le dijo a Clarín el 14 de setiembre "Lo hice por Colón. La reacción fue porque que sentí que nos estaba perjudicando a todos".

La Comisión Directiva del Club de Santa Fe, resolvió expulsar a Tovar de por vida. La resolución fue comunicada al Comité Ejecutivo de AFA, al Tribunal de Disciplina, al Colegio de Árbitros y al Comité de Seguridad Deportiva. Pero el Tribunal de la AFA otorgó casi la misma sanción para Colón que para Gimnasia. Multa por unas 2500 entradas (lo que equivale a 35.000 pesos o a unos 11.000 dólares).

Después de esto, Carlos Beer, de la redacción de La Nación de Argentina escribió lo siguiente bajo el título Amenazar a un árbitro tiene precio: 35.000 pesos. "No sabemos solucionar los problemas de la violencia y la mayoría de los clubes tiene deudas millonarias. Creo que los dirigentes del fútbol tenemos que dar un paso al costado, nos tenemos que ir todos y dejarle el paso a las nuevas generaciones". La terminante frase pertenece a Raúl Gámez, vicepresidente de Vélez, y encaja a la perfección con las últimas decisiones surgidas de la AFA con el caso Gimnasia vs. Boca: el comité ejecutivo le dio apenas una palmada en la cola al titular del club platense, Juan José Muñoz, y lo suspendió por seis meses; el Tribunal de Disciplina sólo le aplicó una multa económica al club.

Usted se preguntará: ¿que tiene que ver la frase de Gámez con lo decidido por el Tribunal, si los dirigentes deberían ir por un lado y la justicia de la AFA por otro? Deberían... "Si dejamos pasar esto, vamos a permitir que cualquier dirigente vaya al vestuario de un árbitro y haga lo que quiera. Eso no puede pasar, es una barbaridad. Si no recibimos presiones, estamos decididos a la quita de puntos". Esa frase tiene sólo un par de semanas de antigüedad y fue dicha por dos miembros del Tribunal a La Nación...

Está claro: hubo presiones. De los ocho miembros que votaron ayer, al menos cinco, según los dichos de sus pares, cambiaron de parecer. Los miembros del Tribunal no cobran por ocupar ese cargo. Es decir, luego de sus obligaciones laborales redituables, se encargan de esta tarea extra que hacen por convicción y no por necesidad. Se supone que sus decisiones están destinadas a impartir justicia y defender valores, sin aceptar presiones ni regalías.

Los dirigentes ya decidieron de que lado están. Estuvieron tres horas reunidos y presentaron un escrito en el que dicen que apoyarían parar el fútbol. Se trata de un paro imaginario que nadie pidió. Fue como lavarse las manos ante su ineptitud para aportar ideas. Los organismos de seguridad buscan lo contrario: castigar a los clubes cuyos hinchas cometan desmanes jugando partidos a puertas cerradas mientras se buscan soluciones de fondo. Un parche, pero la premisa es no ceder ante los violentos.

Un dirigente de un club, desde ahora, puede pensar que apretar a un árbitro en un entretiempo tiene precio. Ayer, el Tribunal valuó esa actitud en 2500 entradas generales, divididas en cinco partidos. Es decir, $ 35.000. Y en cuotas...

Habrá que ver qué dicen las conciencias de los miembros del Tribunal. Cualquier persona normal que traiciona sus principios, lo mínimo que hace es replantearse su función. Incluso, hasta el grado de dar un paso al costado en su tarea."

En setiembre de 2006 en la Liga Paranaense de Fútbol en Argentina, el árbitro Gervasio Cabrera fue amenazado por el técnico Daniel Barcos con un arma de fuego en su garganta. Terrible. No tuvo nada que ver la barra. Cuando suceden estas cosas se evidencia en los árbitros un dejo de resignación, impotencia y hasta cierta bronca por ser el blanco preferido por fanáticos, dirigentes o técnicos, sobre todo sabiendo que pueden actuar mal, regular o bien.

En encuestas realizadas por la Asociación del Fútbol Español en 1988 y 1992 concluyeron con resultados similares buscando al culpable de la violencia. Las deducciones nombran a los árbitros por su mala preparación como consentimiento de acciones agresivas por parte del público. También por el sistema de designaciones de jueces para los partidos, el cual no funciona según la encuesta de la AFE. En aquellos resultados también se calificó a los entrenadores, que son los que prefieren alinear a los jugadores más violentos y a dirigentes como tenaces de violencia.

La Federación Española de Fútbol en 1991, también hizo una encuesta entre aficionados y llegó a la conclusión de que a la violencia no la genera el fútbol, sino la sociedad y destacaba como culpables a árbitros, jugadores, aficionados, periodistas, presidentes y entrenadores, en ese orden. Se salvaron los policías.

En las últimas décadas los de negro se han propuesto variar soluciones desde la presencia de un cuarto árbitro, la profesionalización de los colegiados, el cambio de sistemas de designación, el endurecimiento de las penas en el reglamento para perseguir el juego violento, mejoras de seguridad hasta el cambio de color en el uniforme. Todas son diferentes técnicas en busca de la mejoría. De todas maneras, ellos saben que es difícil que los quiera la hinchada.

El escritor Eduardo Galeano habla de una única unanimidad del fútbol: "todos odian al árbitro. Lo silban siempre, jamás lo aplauden" y sigue con una gran verdad: "cuando la pelota toca su cuerpo, todos recuerdan a la madre del árbitro. Aunque dirija bien no es inocente para el publico".

El 24 de setiembre de 2006 por la Liga Ypacariense paraguaya jugaron la final El Triunfo y Porvenir en la cancha del 24 de Mayo. Aquel día el senador colorado Juan Carlos Galaverna y su hijo Julio, agredieron a los árbitros Carlos Amarilla, Manuel Bernal y Amelio Andino. Este último se llevó la peor parte, ya que recibió una patada en la espalda de parte del primogénito del legislador. El resto de la ofensa fue verbal donde Galaverna (padre) trató a Amarilla de "puto no asumido, ladrón y sinvergüenza" Por otra parte, el mismo senador confesó en otra ocasión que tuvo que sobornar al árbitro del partido entre Liga Ypacarai vs. Liga Paranaense porque se enteró de que el juez designado para el partido fue comprado por la otra parte. Habló con el juez (no dio el nombre de quien se trataba) y "la única manera para que cobre neutralmente era pagándole la misma suma que habían abonado los otros. Fueron 150 mil guaraníes" confesó Galaverna. El fondo de esto es que admitió el soborno (ABC 26/09/06). ¿Por qué no pensar que lo puede volver a hacer?

En más de una ocasión los árbitros tuvieron que dejar que se juegue el partido a pesar de que se estén golpeando en las tribunas. Hacer vista gorda pasó a ser un método para prevenir incidentes. Lo han hecho para que no se produzcan masacres. La pelota en juego entretiene y a veces detiene una golpiza.

El 30 de octubre de 2006, se publicó una investigación realizada en el primer nivel del fútbol inglés y demuestra que los árbitros son proclives a favorecer a los equipos que juegan de local.

De acuerdo a este estudio que fue encarado por tres universidades de Bath, Otago (Nueva Zelanda), Saint Andrews y Bangor (analizando más de 2600 partidos entre las temporadas 96/97 y 02/03), los árbitros son más propensos a castigar con tarjetas amarillas y rojas a los equipos visitantes en la Premier League.

Las quejas más comunes de dirigentes e hinchas se relacionan con que los árbitros son más proclives a aplicar la disciplina con algunos jugadores que con otros, y los "del montón" son menos favorecidos que las estrellas de la liga.

EL PAIS QUE HABITO.
PARAGUAY.

En el año 1979 el uruguayo Luis Cubilla llegó a Asunción para ser el técnico del Club Olimpia. Charlando con él me contó que le dijo al presidente de la institución en aquel momento, Osvaldo Dominguez Dibb, que con la hinchada "no hacemos nada, parecemos visitantes".

Entonces, Cubilla trajo de Uruguay a unos murgueros amigos suyos para hacer canciones, "porque silbando como lo hacían no asustamos a nadie, necesitamos que la hinchada vibre para ser campeones". La idea era presionar al contrario, pero aquello todavía estaba lejos de los que hoy son las barras bravas.

El 26 de octubre de 2004, Robert Singer, publicó en el Diario Ultima Hora una nota con el título: "El hincha sigue siendo víctima de las barras bravas", aclarando la diferencia de la que hablamos anteriormente.

"En todo el país se sufre la inseguridad. En todo el país la población reclama aunque sea alguna tibia acción policial que infunda al menos una ligera sensación de cobertura para quienes transitan por el territorio de este país tan venido a menos en todo sentido.

Y está claro que hay diversos tipos de delito. Está claro que hay delincuentes que actúan utilizando para sus fechorías la sorpresa y la clandestinidad. Contra ese tipo de delincuentes, lo aceptamos, se hace difícil el combate, suponiendo que en realidad la Policía quisiera combatir a la delincuencia.

Y la duda, amigo lector, renace cuando vemos lo que ocurre fecha a fecha en los partidos en que juegan aquellos equipos como Olimpia, Cerro Porteño y Luqueño, cuyas barras bravas actúan impunemente ante la pasividad de la Policía.

Aquí no hay clandestinidad. Aquí no hay sorpresa. Aquí no hay nada que pudiera impedir la acción policial, salvo la propia ineptitud —por no decir complicidad— de las fuerzas del orden. De vez en cuando, en partido de las eliminatorias o en los clásicos, se monta un operativo que da resultados, pero, que sepamos al menos, hasta ahora no hay nadie sometido a la ley contra la violencia en los estadios. Y eso que no solamente se ha detenido a borrachos y drogadictos, sino a tipos que llegaban al estadio con estiletes, puñales y demás artículos de primera necesidad.

La Policía sabe bien quiénes son y cómo actúan. Conocen sus guaridas, sus aguantaderos y sus domicilios. Saben a qué pandilla pertenecen y saben sus zonas de acción. ¿Por qué no hacen nada? ¿Cómo pude ser que todos estos cretinos anden sueltos y que a cada fecha repitan sus actos de demencial delincuencia?"

Después Singer se refiere al hincha, "de esos que van a la cancha a alentar a su equipo y a gozar de un partido de fútbol, y es asaltado, no en un callejón oscuro y sin salida, no en un barrio oscuro de la periferia en horas de la madrugada, sino al final de un partido —Olimpia - Luqueño—, delante de toda la gente, a plena luz y sobre la avenida Carlos Antonio López. El tipo fue golpeado, le sacaron la camiseta y quizás el dinero, mientras la Policía brillaba por su ausencia. ¿Cómo puede ser que, por una elemental estrategia, no se "peine" la avenida Carlos Antonio López con patrulleras, con caballos, con motos o bicicletas, con ametralladoras, revólveres o con honditas?

La verdad, amigo lector, estamos todos en manos de los delincuentes y, en lo que hace al fútbol..., el hincha sigue siendo víctima de las barras bravas".

"Los clubes hablan de pobreza y regalan entradas, podrían hacerlos trabajar, pintar el club" dijo alguna vez Gabriel Cazenave del Diario ABC Color.

Robert Singer acorrala el tema y apunta que ahora no basta con montar un operativo de seguridad tratando de evitar que las hinchadas se enfrenten, porque como ocurrió varias veces, los mismos barras de Olimpia se enfrentaron entre sí. Lo propio pasa con otros equipos.

"Ahora también hay que montar operativos –señala Singer- para evitar que estos nenes de mamá se peleen entre ellos por más que sean de un mismo equipo. Resulta que ahora la pelotudez se pasea también entre adictos "¿por qué nos habrá salido esta palabra?" a un mismo club, tal como ocurrió en la gradería Sur, el feudo de la hinchada olimpista".

"Cada vez que se produce un hecho de violencia en los estadios de fútbol, se desencadena una reacción enorme, con vigencia de no más de 48 horas hasta que el vértigo del día a día va devolviendo las cosas a la normalidad y al olvido" dice Cazenave y sigue en el artículo publicado por ABC el 23/8/05 "Para que ese no sea el destino de esta nueva oportunidad que se nos presenta para tratar de ponerle un freno legítimo a la irracionalidad, sería bueno considerar que ante la imposibilidad de remediar en su real dimensión los hechos ya ocurridos, existe un solo camino que nos lleve al resultado deseado. Ese es el de la prevención, y la misma no pasa solo por redoblar las fuerzas policiales ni aumentar la altura de las vallas metálicas de los estadios. Hay un paso que puede terminar siendo mucho más efectivo y del cual pocos hablan, sobre todo cuando se trata de ceder la palabra a algunos dirigentes.

La prevención principal de la violencia en los estadios surgirá de la toma de conciencia de parte de las autoridades de los clubes de que el fomento y el subsidio de las barras bravas, lejos de producir en los espectáculos de fútbol el colorido y el bullicio que surgen como supuestos fundamentos de su existencia, lo que hace es generar grupos que, amparados por la protección oficial, se tornan ingobernables y, actuando detrás del escudo del anonimato de las masas, producen casi la totalidad de los actos de violencia y barbarie que manchan la imagen del deporte.

Ese debe ser el primer paso preventivo; los demás ayudarán o tal vez, si aquello se implementa con seriedad y responsabilidad, es posible que ni sea necesario".

El 23 de marzo de 2006, se reunió el Comité Ejecutivo de la Asociación Paraguaya de Fútbol y determinó sancionar con pérdida de puntos a los equipos, en caso de comprobarse que dirigentes entreguen entradas de gentileza a sus respectivas hinchadas.

La idea principal pasa por concienciar a los seguidores, con la ayuda de dirigentes, que la violencia no trae nada positivo al fútbol y que sólo aleja la gente de las canchas. Con aquellas nuevas determinaciones tomadas ese año, también se sancionarían a los presidentes de los clubes que sean sorprendidos facilitando entradas e incluso aquellos que realicen declaraciones públicas que marchen en desmedro de las autoridades constituidas de igual forma serán castigados.

El 10 de setiembre de 2006 se asieron en La Olla Azulgrana los barras de Cerro con los de... Cerro. Si, los integrantes de las "hinchadas organizadas", Plaza y Comando jugaron un partido aparte en el sector Norte del estadio. Trompadas y garroteadas al por mayor. ¿Estaba tenso el encuentro?... No, para nada. En ese momento Cerro le ganaba a Libertad 1 a 0 (resultado final).

Algunos casos que se dieron con selecciones en el país:

En 1968 paraguayos y uruguayos jugaron sólo 20 minutos por la Copa Artigas. Al no tener clima de seguridad fue suspendido.

En 1972 los brasileños que visitaron Asunción armaron escándalos dentro y fuera del estadio cuando Mineros visitó a Olimpia.

En el Preolímpico de 1992: Paraguay se midió ante Brasil en el Defensores del Chaco. Lío en la Gradería Norte. El estadio fue suspendido seis meses por la Confederación Sudamericana de Fútbol.

La ley del deporte se sancionó en febrero de 2006, pero sigue sin ser reglamentada. Esa demora tuvo un trasfondo político, porque llegaba la fecha de la asamblea de la Asociación Paraguaya de Fútbol.

La reglamentación de la ley afectaba, ya que la APF debía cambiar su estructura para respetar la ley.

El artículo 29 establece claramente que la Federación Deportiva Nacional se compone de la siguiente manera: en la base están los clubes que se afilian a su federación distrital o municipal. A su vez, las federaciones distritales o municipales deben afiliarse a una federación departamental. Y la Federación Nacional debe ser la asociación de las federaciones departamentales. Es decir que todas las federaciones nacionales (incluida la APF), por imperio de una ley paraguaya, deben tener como socias única y exclusivamente a las 17 federaciones departamentales y a una federación por la capital, con igualdad de votos en las asambleas.

La APF, como cualquier otra federación deportiva, se rige por sus estatutos, siempre y cuando no sean contrarios a las leyes paraguayas. Por lo tanto, la APF debe respetar la Ley del Deporte.

Además, la no reglamentación de la Ley del Deporte también permitió al COP incluir en su lista para los VIII Juegos

Deportivos de Odesur a deportistas representantes de federaciones deportivas nacionales sin reconocimiento oficial de la Secretaría Nacional de Deportes.

Muchas cuestiones políticas hacen que todo siga como está y la Violencia continué ganando el partido.

El derecho de admisión también está instalado en el país. El primero en tirar la piedra fue el presidente de Cerro Porteño, Luis Pettengill, pero ante gente de su propio club. Como primera medida de seguridad recurrirá a filmaciones para identificar a los bochincheros y prohibir el ingreso de los mismos cuando Cerro Porteño juegue en La Olla.

La iniciativa se dio después de los desmanes del domingo 12 de noviembre de 2006, en un partido que Cerro goleó a Guarani 5 a 1. Al día siguiente el presidente de Cerro dijo: "A los inadaptados, bien identificados, los vamos a eliminar de la cancha de Cerro Porteño. Por lo menos durante cinco años y si no existe una ley que haga cumplir, vamos a pedir a nuestros senadores y diputados que hagan una que nos proteja de este tipo de gente".

Actuales disposiciones en vigencia. Falta que se cumplan en su totalidad.

* Prohibir que se abran los portones en el segundo tiempo. Anteriormente la gente entraba gratis a ver la segunda etapa. Los barras también aprovechaban y hubo lamentos. Ahora las puertas se abren para el que quiera salir, no para el que quiera entrar.

* Prohibir entradas de favor. Entraba gente con un grado de irresponsabilidad.

* Los clubes deben tener a los integrantes de sus barras organizadas registrados.

* Controles con filmaciones sólo hay en el estadio Defensores del Chaco. Cerro Porteño las incorporaría también.

* Cateo estricto.

* Prohibición de termos, guampas, etc. Elementos que forman parte del representativo tereré. En Alemania beben cerveza mientras observan el partido.

El 15 de noviembre de 2006 se realizó una reunión en el Ministerio del Interior, donde participaron en el aquel momento el presidente de la APF, Oscar Harrison, representantes de clubes y el ministro, Rogelio Benítez. Debate en busca de encontrar una salida a la violencia en el fútbol. Lo interesante fue que también estuvieron los jefes de las barras de Olimpia, de Cerro y Libertad. La representación de la barra fue para buscar apoyo a la policía, para que los advirtiesen sobre los belicosos. Tanto el de Olimpia, como el de Cerro dijeron cansarse de dar recomendaciones en las comisarías. En algún sentido parece que la policía no puede sola, y por eso se reúne con los jefes de las barras. De todas maneras, se dio una charla que como fin tuvo buscar una solución. Inclusive, el líder de los de Olimpia propuso que la hinchada local salga 45 minutos más tarde, como pasa en el fútbol argentino. También se defendieron diciendo que hay gente que no es de la barra que de igual forma crea disturbios, incluso el que paga la entrada, lo cual es cierto.

Indistintamente al Estado le corresponde promover medidas preventivas eficaces y sanciones ejemplares.

Algunas frases de aquella reunión:
"Los hechos de violencia existen por el alcoholismo y la droga. Ocurren siempre los domingos después del asado y del trago". Oscar Harrison, Presidente de la APF en el momento de la reunión.

"Necesitamos una legislación que impida el ingreso de los inadaptados, que nos permita demorarlos en sus comisarías el día del partido o apresarlos por más tiempo cuando residan. ¿Por qué se da la violencia? Porque no sancionamos.". Luis Pettengil, Presidente de Cerro.

"Los clubes son responsables de los daños materiales ocurridos en la calle por los hinchas, es decir, si te rompen el auto, podes demandar al club" Rogelio Benítez, Ministro del Interior.

El 25 de febrero de 2007, barras de Cerro Porteño quisieron ingresar durante el segundo tiempo del encuentro ante Sportivo Trinidense en el estadio Roberto Béttega (2da Fecha del Apertura). No los dejaron entrar. ¿Cómo terminó la historia? Incidentes con la policía y varios autos particulares dañados.

El presidente de la Asociación Paraguaya de Fútbol, Juan Ángel Napout apenas asumió (6/3/07 oficialmente), se preocupó en el tema y habló acerca de la creación de un comité antiviolencia.

Cifras de la Violencia en el país.

Datos alarmantes en poco tiempo (agosto, setiembre y octubre 2006):

350 personas demoradas.

54 personas fueron atendidas con heridas de gravedad.

70 vehículos dañados (pérdidas de 42 millones de guaraníes).

50 casas comerciales y particulares dañadas.

200 armas blancas y de fuego incautadas.

323 millones de guaraníes cuesta un hecho de violencia.

90 millones de guaraníes cuesta la movilización policial.

180 millones de guaraníes por daños causados a las empresas de transportes.

50 millones de guaraníes en atención médica en los diferentes hospitales.

Costos de la Violencia (además del miedo, desprestigio nacional e internacional, etc)

Personal y Equipamiento:	93.692.000 Gs.
Daños Causados:	180.000.000 Gs.
Atención a los Heridos:	50.000.000 Gs.
Total:	323.692.000 Gs.

Podemos tomar estadísticas de cualquier año al azar y nos encontramos como muchos incidentes ocurridos en canchas de fútbol e inmediaciones en encuentros deportivos.

Enero a Noviembre 2006

FECHA	HORA	TIPO	LUGAR	VICTIMAS	DETENIDOS	COMISARIA	OBS.
05/03/06	14:30	Incidente	Defensores del Chaco.	2 Sub oficiales (lesiones leves)	19 personas por alcotest (+) hasta el termino del partido.	2da. Metro	Hinchas de Olimpia.
26/03/06		Incidente.	Roberto Bettega (Tacuary vs Libertad).		No.	23ª Metro.	
21/05/06	15:00	Disparo de Arma de Fuego.	Club 18 de Enero (18 de Enero vs Porvenir Pyo.).		No	3ª Central.	Finalizó el encuentro.
04/06/06	16:00	Gresca entre aficionados.	Sportivo Iteño (Iteño vs S. Pettirosi).	3 personas (lesiones leves).	No	12ª Central.	Daños Materiales.
18/06/06	17:15	Incidente.	Club Gral. Marcial Samaniego.	Contra terna arbitral.	No.	2ª San Pedro.	
18/06/06	15:15	Incidente.	Club 12 de Agosto (San Vicente vs 12 de Agosto).		No.	4ª Cordillera.	Suspensión del encuentro.
18/07/06	15:00	Incidentes entre aficionados.	Defensores del Chaco (Libertad vs River).	4 Sub Oficiales y 5 aficionados (lesiones leves).	No.	2ª Metro.	Bandalismo fuera del estadio.
20/08/06	13:00	Incidente.	Defensores del Chaco (Cerro vs Olimpia).	2 aspirantes a Sub oficiales.	60 personas alcotest (+) hasta el término del partido.	2ª Metro.	Barra Brava de Cerro Porteño.
20/08/06	16:00	Incidentes entre afinados.	Club sport Colombia (Ysateño vs Boqueron).	1 persona (lesion leve).	No.	2ª Central.	
20/08/06	17:30	Incidente.	Club 2 de Febrero (2 de Febrero vs Union y byraro).	2 Sub oficiales (lesiones leves).	Si M; 34 años.	8ª Central.	
24/09/06	15:00	Incidente.	Estadio Pablo Rojas (Cerro vs Nacional).		46 personas por alcotest hasta el término del partido.	4ª Metro.	
24/09/06	15:20	Incidente.	Club 24 de Mayo (El Triunfo vs Porvenir).	Contra árbitros (sin lesiones).	No.	5ª Central.	Cobertura de Seguridad para árbitros.
21/10/06	19:30	Incidente.	Estadio Río Parapiti (2 de Mayo vs Cerro).	1 Oficial, 1 Sub oficial, (lesiones leves)	No.	1ª Amambay.	Daños Materiales.
29/10/06	14:00	Incidente.	Defensores del Chaco (Cerro vs Olimpia).	15 personas Sector Norte (atendidos en Eme).	28 personas por alcotest (+) hasta el término del partido.	2ª Metro.	Barra Brava de Cerro; Daños Materiales.
12/11/06	18:00	Incidente.	Club Cerro Porteño (Cerro vs Guarani).	1 persona, 1 Sub oficial (lesiones leves).	37 personas por alcotest (+) hasta el término del partido.	4ª Metro.	Barra Brava de Cerro. Incaut de bebidas alcohólicas.

Fuente: Ministerio del Interior.

Ver más en Anexos II: ¿Que dice la ley en Paraguay?

El Clausura 2007 fue un campeonato polémico, por los malos arbitrajes, violencia en las tribunas y además por intentos de soborno. El 23 de octubre, previo al partido entre Luqueño y Guarani, el futbolista Rober Servín denunció haber recibido una propuesta, de parte de tres personas, para cometer un penal, favoreciendo de esta manera al equipo legendario. Le habrían ofrecido 15 millones de guaraníes.

El viernes 26 del mismo mes, Hugo Cerles Cabrera y Jorge González Valdez fueron detenidos por estafa, luego de haber solicitado dinero al presidente de Trinidense, Federico Zelada, a nombre de los jugadores del Olimpia, Roberto Bonet y David Villalba, supuestamente para que estos vayan a menos en ese juego.

Días después, el fiscal Carlos Lezcano detuvo en la siesta del 4 de noviembre de 2007 a Marcelino Mendoza López (oficial retirado), cuando este entregó un millón de guaraníes al jugador Grégor Aguayo, de Tacuary, para ir a menos ante Guaraní. La detención se produjo en una estación de servicio ubicada en Sacramento y Artigas y el monto incautado era parte de un soborno de G. 15 millones que sería entregado al término del partido.

Otro caso fue denunciado a los pocos días, el 14 de noviembre. El club afectado fue el 2 de Mayo de Pedro Juan Caballero. El presidente de la institución, Paulo Reichardt, declaró que dos futbolistas, cuyos nombres no fueron revelados a pedido de los mismos, recibieron llamadas para ir a menos ante Trinidense. Partido clave para salvarse del descenso de categoría. En esta ocasión la suma ofrecida para cada jugador oscilaba entre 20 y 30 millones.

LA MUJER y LA TRIBUNA

Durante muchos años la mirada del fútbol tuvo incontables puntos de vista, pero siempre vino de los ojos masculinos. La mujer no es tenida en cuenta a la hora de opinar sobre la pelota, a pesar que en la última década, las chicas platican en la televisión. Cada vez son más las que van a la cancha, y las que se brindan al arbitraje.

Como punto negativo se le ha encontrado que a la hora de discutir y plantear situaciones no han llegado al profesionalismo que hoy tienen los hombres, pero por supuesto que la experiencia, el conocimiento, haber jugado desde pequeño cumplen un rol importante y las mujeres no cuentan con eso. Por lo menos por ahora. De todos modos, ya se escucha que las chicas juegan fútbol en el colegio y empiezan a aparecer campeonatos femeninos. Tal vez concluyan sin éxitos porque todavía el deporte no conquista ni apasiona a la mayoría de ellas. Más allá del crecimiento aún falta dedicación y entrenamientos más profesionales.

Punto positivo, la mujer está apareciendo en los noticieros deportivos, en transmisiones radiales, y alguna que otra se anima a relatar.

¿Cómo es el trato actual que reciben en la tribuna? Los hombres escuchan los gritos de la mujer y nunca falta alguno que mire de reojo, y ni que decir sobre la poca importancia que le otorgan a la ovación o descrédito proveniente de la mirada femenina. Es común escuchar "¿Qué puede saber ésta mujer?".

La aparición de la mujer era o sigue siendo para algunos un "otro" extranjero que perturba al hombre. El libro Mujeres y Fútbol dice "la mujer no representa una amenaza, ni siquiera un desafío que implica la posibilidad de modificar el actual estado de las cosas. En otras palabras, el fútbol no es un territorio a conquistar: es un territorio conquistado por hombres".

En los últimos años se produjo un incremento de prácticas femeninas en los distintos deportes y por ende, crece la popularidad de ese sexo en la hinchada. Es notable como han cambiado por ejemplo, los Juegos Olímpicos, donde antiguamente estaba prohibida no sólo la participación de la mujer, sino que la misma pudiera observar los juegos.

Hoy día la cantidad de mujeres buscando una medalla sigue siendo inferior a la de los hombres, pero las cifras se han acercado notablemente. El Comité Olímpico Internacional tiene además la obligación de contar con la opinión femenina en los directorios y el número de ellas se va incrementando a medida que pasa el tiempo.

Uno de los pisos altos de aliento de la mujer pasa en las épocas de los mundiales. Hay hinchas (siempre hablando de mujeres) que sólo ven fútbol cada cuatro años (también pasa con hombres) cuando le pica el fanatismo de su selección (o por los jugadores.) Esta es una situación de las más comunes y que siempre ocurren.

Entrevistando a personas masculinas que caminan por el centro de la ciudad, algunas de las frases cuando se le pregunta por la mujer y la tribuna dicen: "No sé porque van... de fútbol no saben nada, hay algunas pocas que entienden"; "Yo creo que van a ver a los jugadores", otro prefiere que no se metan en el fútbol; "Odio cuando veo una chica con la camiseta de algún club". La misoginia se hace presente en algunos casos.

Las mujeres dicen que sí entienden: "Yo entiendo de fútbol, voy a la cancha y grito"; "Confío en que cada vez entendemos más". Una respuesta interesante fue la de una joven que dijo: "Depende de cómo estén vestidas y te digo si entienden o si solo van a buscar hombres".

FRASES III

"Los argentinos ya tenemos el lugar infalible para consumar un suicidio. Ni el arrojo distraído bajo el tren en las vías del Sarmiento, ni el cruce a ciegas de la Avenida Libertador (...). No, el lugar es cualquiera de los trescientos estadios que florecen en la extensa tierra que nos une". Pablo Llonto, Revista Un Caño #5, pag. 94.

"El fútbol padece las consecuencias de la acumulación de tensiones sociales, que estallan en las canchas de fútbol como estallan en muchos otros lugares. Es injusto atribuir la violencia al fútbol". El literario uruguayo Eduardo Galeano a la BBC en su edición del 3 de noviembre de 2005.

"Nosotros no somos barras bravas, somos hinchas, pagamos la entrada y seguimos al equipo a todos lados". Frase de un hincha de Tiro Federal. El Aguante. 9/8/05.

"La campaña de la AFA contra la violencia tiene como eje central el silencio, es todo lo contrario, hay que hablar". Marcelo Parrilli, abogado defensor de los derechos humanos desde la época de la dictadura militar en Argentina. Escribió "Barra Brava de Boca, el Juicio".

VIOLENCIA VERBAL

Además de toda la violencia a la cual me referí durante este escrito, hay otra, que es la más común e infaltable en una cancha de fútbol. La verbal. Nunca falta a la cita y difícilmente deje de estar. Es que la violencia verbal es tal vez "parte del show" de ir al estadio. Putear un rato y descargar la furia de la semana es "normal". Te las arreglas con el árbitro, con la hinchada rival o propia, con el "coca-colero" que te tapa la visión, con el número cuatro del contrario o con el nueve de tu equipo.

Este tipo de violencia es realizada por mujeres o hasta por chiquitos y a veces causan gracia las diferentes maneras de gritos. Es una vivencia sentimental vehemente que muestra valores según el grado de emociones, sufrimientos o formas de reaccionar. Pero no deja de ser grave ver a un padre eufórico, quien a su lado tiene su hijo al que llevó a la cancha.

No existe en Sudamérica, ningún tipo de acción ante una conducta de violencia verbal, ya sea de prohibición o prevención. La compulsión verbal es un posible riesgo para difuminar las fronteras entre agresividad, pasión y violencia.

Aquí también aparecen los gestos, generalmente acompañados de alguna frase con el estilo de lo escrito líneas arriba. Lo que sucede es que hay un exceso de hechos, y ante cualquier jugada que no finaliza correctamente (son muchas por partido) los gritos se emplean con énfasis. No sólo transcurre en ocasiones importantes sino ante la mínima jugada. Por eso, la puteada pierde veracidad.

Lo usual son las acusaciones típicas. El problema crece cuando se convierten en amenazas, lo bueno es que difícilmente se cumplan. Son fruto del momento. Otras veces existen confesiones aterradoras. Un periodista entrevistó para la televisión a un barra de Boca, para que opine sobre la derrota de su equipo ante River por 2 a 0. El entrevistado respondió: "Todo bien, empatamos el partido".

Periodista- ¿Cómo que empataron el partido, si perdió Boca 2-0?

Barra- "Ellos ganaron pero nosotros le matamos a dos. Fue 2 a 2". El jefe de la Barra, Di Zeo, fue consultado sobre esto en el mismo informe y dijo: "Matar no es enfermo, es por la pasión".

Entre las palabras o frases comunes se halla asimismo el grito de "No existís". Una frase que tiene más de 20 años. Es utilizada por todos (hinchas, y sobre todo por los barras) para referirse al contrario. Una expresión que forma parte de nuestra cultura.

Pero no existís también significa que el otro puede ser suprimido. Borrado. Eliminado. Esto es intolerable. La expresión de "Pecho frío" tampoco puede faltar en una cancha.

A la violencia verbal yo la llamaría Violencia Virtual. Expresiones primarias que forman parte de un ritual que se da permanentemente y que parece que serán eternas. Esta violencia forma parte del ambiente del juego. Ojalá, las aficiones, ya en el nuevo marco del fútbol como industria del ocio donde ellas desempeñan la función de consumidores con sentimientos, sigan promocionando que el fútbol es un espectáculo, un negocio o una diversión. Sólo eso.

EL LENGUAJE DEL PERIODISMO

El periodista deportivo, es en muchas ocasiones odiado por muchos y amado por otros, sean jugadores, hinchas, directivos, directores técnicos e incluso colegas. Al poseer un micrófono en la mano, uno es capaz de prender los ánimos de la tribuna, puede ser para hacerlos cantar más o para incentivar de hacerle frente a los rivales o al árbitro.

Según la inclinación de un periodista, un árbitro, un jugador o un equipo pueden desplomarse en el fracaso.

No hace mucho, se calificó a algunos periodistas (en Colombia) como los incitadores a la violencia, aduciendo que el lenguaje y los términos que transmiten llegan a millones de oídos que no dejan de escuchar sobre la "masacre" del equipo contrario, sobre el "ataque demoledor, el bombardeo, artillero, invasión del territorio, flanco derecho" y sigue la larga lista que parece interminable.

De hecho, los medios utilizan un lenguaje que tiene que ver con la batalla, el enfrentamiento, el choque, el disparo, el golpe, el tiro, etc.

¿Pero hasta donde puede tener que ver esto con la realidad? Hay que saber separar las cosas. Cuando no existían las transmisiones también ocurrían hechos que lamentar por la violencia en las canchas. De todas maneras, estos comentarios en Colombia, dejaron sin trabajo y con la "pólvora mojada" a los periodistas. Se llegó más lejos que la realidad misma. Lo que si es cierto, es que el periodismo debe concienciar al pueblo y denunciar la realidad.

El fútbol debe considerarse netamente como el esparcimiento para algunos (trabajo para otros), pero siempre con un reglamento establecido por más que sea para la recreación. Es común que se armen partidos en las calles, o ver empleados de fábricas (o de otros labores) juntándose a patear un rato. Hasta en esos momentos la limitación excede y comienza la discusión si la pelota pasó por la derecha o izquierda del zapato que imitaba un arco. Las faltas no se cobran, pero de todas maneras se goza el fútbol, en ese juego donde la interrelación familiar, barrial y comunitaria, encuentran la mejor excusa para subsanar cualquier tipo de conflicto y que de ese partido que no tiene límite de tiempo se transforme en los mejores minutos de la semana.

El fútbol profesional tiene afortunada o desdichadamente un límite, pero es juego donde el público se sustrae del mundo real y deja de lado el estudio, el trabajo, la política, la norma. Durante el partido, el hombre de traje no dejó de gritar y aquel chillón natural se transformó en una persona que pasó los noventa minutos callado.

Al fútbol se lo plantea como la catarsis que todo ser humano necesita en algunas ocasiones, pero es simplemente un juego, un espectáculo. Infelizmente los hechos muestran que algunas personas se desquitan de manera violenta desde hace tanto tiempo, que da para escribir más páginas de las que contiene este texto.

Los medios deben presentar siempre al fútbol como una fiesta, en la que se goza, se ríe, se llora, se gana y se pierde, pero nunca tiene que desistir de ser un espectáculo.

No propongo eliminar ningún tipo de comentario, pero los periodistas somos movilizadores de masas, y en ciertas ocasiones hay que tener cuidado.

Otro tema se filtra por saber si el periodismo enumera todo lo que sucede. Si otros colegas escondieron datos, es difícil comprobarlo. Muchas veces no se cuentan contingencias por seguridad o hasta por propios arreglos.

El periodista argentino Elio Rossi habla en general y dice: "Como periodista pude publicar y comentar todo, Miele socio de Ávila, la muerte del chico de Huracán en la que los dirigentes de San Lorenzo estaban involucrados porque parece que partieron desde San Lorenzo, todo lo comentamos acá".

Hernán O'Donnel ilustra: "Yo creo que la violencia es un negocio de la televisión para alejar de la cancha a la gente, y en el fútbol se acabó el hincha. Al establishment no le interesa acabar con la violencia".

El analista Enzo de la Cera, licenciado en Ciencias de la Comunicación y especialista en Derecho de la Comunicación sostiene que coincide con O'Donnel, en que la violencia en los estadios es un gran negocio para alejar a la gente de las canchas.

O'Donnel también habló de uno de los programas dedicados a los hinchas en Argentina y opina que "El Aguante" perjudica mucho y es peligroso porque allí se refugia la violencia y se refleja la intolerancia. Este programa que nació con la aparición del cable, muestra los cánticos de los hinchas o barras, pero existen otras cosas para preocuparse y eliminar la violencia, antes de pensar en un programa de TV. "Pasión x el Fútbol" de Paraguay, se dedicaba a mostrar a los hinchas, no aquellos borrachos, tampoco groserías, sino intentaban divertir (al público y a los que asistían a las canchas) haciéndolos relatar el partido e inclusive presentándolos ante un pequeño examen de cultura general que debían contestar.

De todas maneras, el periodista Sergio Levinsky lo llama "el periodismo de jeans y zapatillas rotas" y dice que la televisión trata de "blanquear" la existencia de la violencia.

Uno de los programas más premiados de la Argentina como "Fútbol de Primera" en su presentación muestra netamente a hinchadas, gente y al "color" del fútbol.

Sergio Levninsky habló del periodismo deportivo argentino y cuenta que "marcha hacia la diversificación de temas y hacia un conocimiento más completo del medio. En efecto, informar acerca del deporte en la Argentina equivale a conocer mucho de la actividad de Tribunales, cierta dosis de finanzás, privatizaciones, policiales y la Bolsa. Por eso resultó llamativa la forma en que una revista que cubre el fútbol de ascenso desplegó su staff: en lugar de colocar la palabra "colaboradores", la reemplazó por "cronistas de guerra", y a esa ironía no le faltó razón, porque de alguna manera eso es lo que son los que cubren el ascenso, cronistas de guerra que van a cubrir el suceso, con una cierta dosis de necesario "autoengaño", simulando que solo irán a un partido de fútbol cuando bien saben que van a los estadios a cubrir los incidentes, que aparecerán de manera natural y reiteradamente, cada fin de semana. Pero ni los heridos de armas de fuego o blancas, ni las muertes absurdas, ni las amenazas, ni la presencia firme y autoritaria (y creciente) de las "barras bravas" parecen cambiar al periodismo deportivo, en una rueda en la que todo tiene su orden para que el sistema se pueda mantener. Primero los hechos de violencia, luego su crónica con una mínima expresión de indignación. Al día siguiente, las condolencias de los dirigentes prometiendo que no volverá a ocurrir y que "ahora si" se tomará al toro por las astas".

Sibila Camps y Luis Pazos escribieron un libro que se llama "Justicia y Televisión" y en el articulo de la pág. 63 sobre "La Televisión en los Estadios" hablan sobre el aumento de la violencia en las canchas de fútbol, la cual "hizo necesaria la modificación de la ley 23.184, de Espectáculos Deportivos. En forma paralela, los jueces ya venían solicitando a los canales la filmación de partidos en los que se habían producido incidentes. Muchas veces, a través de esos tapes la policía logró identificar a los culpables. Al mismo tiempo, el tape se transformó en prueba judicial.

Camps y Lazos siguen hablando del tema: "Esa experiencia fue incorporada a la nueva ley, la 24.192: desde su promulgación, el 23 de marzo de 1993, la policía filma a los espectadores que concurren a los partidos con mayor riesgo de incidentes. Desde entonces es más fácil identificar a los autores de hechos violentos... lo que no significa que terminen siendo detenidos, y menos aún juzgados. No existe decisión política para acabar con la violencia en los estadios".

El 20/09/06 se largó en Bs. As. el primer concurso de afiches "Erradiquemos la Violencia", organizado por la Fundación Gustavo Rivero. La campaña se hizo apuntada a las escuelas, para que los chicos de 13 años en adelante puedan participar. Esta Fundación cuenta además con un psicólogo para contener a los familiares de victimas que sufren la violencia en las canchas.

OTRAS MEDIDAS

El 15/11/06 se tomó en Argentina la decisión de no vender más entradas por el resto del año, con el fin de salvar al fútbol. Partidos sin público visitante. Sólo podían entrar a los estadios socios, los abonados a plateas y a los palcos de los clubes locales. Un movida fuerte tomada por el Comité Ejecutivo de la AFA incluso conociendo que los clubes se verían afectados económicamente, dado que dejarían de percibir ingresos por entradas.

La revuelta se concretó un día después de la suspensión de un clásico entre Independiente y Racing, luego de la continua referencia mediática a la serie de hechos violentos en el fútbol. Además se comunicó públicamente que se dejaría de brindar el servicio policial para el traslado de las hinchadas. Empujones para que no haya visitantes y para que la violencia termine. Sólo podían entrar los asociados hasta el día anterior a la medida, es decir que a los socios inscriptos a partir del 15 tampoco se les permitió el ingreso a los estadios (por esa semana, ya leerán porqué).

La decisión permitió agilizar el derecho de admisión porque los clubes —a partir de su estatuto— pueden expulsar a cualquier socio que genere actos de violencia, sin necesidad de recurrir a la Justicia.

Se concibió sólo en un momento de emergencia, pero en Europa se hace. Al eliminar la venta de entradas, se evitan muchos problemas. Al comienzo del torneo se formaliza la venta, que puede realizarse en cuotas. Es prolijo. Se tienen los datos de todos los que van a entrar a la cancha e incluso las huellas digitales, con los avances tecnológicos actuales. Una vez que se tengan identificados a los socios de los clubes visitantes, éstos pueden ser recibidos en las canchas.

Acerca de estas medidas, Sergio Dubcovsky de Olé escribió: "No es para comenzar a gastar a cuenta, pero las noticias son alentadoras. Después de años y años de mirar para otro lado mientras el fútbol se volvía cada vez más violento, se cobraba vidas de hinchas y acumulaba situaciones de películas de acción, los dirigentes —presionados o no, ya no importa— decidieron hacer algo. Con imperfecciones, con medidas de shock que solamente son aceptables en una situación límite, con promesas que deberán ratificar y con la conciencia plena —eso queremos creer— de que así la historia no podía seguir andando.

Para bancarse las medidas —que los visitantes no vayan a la cancha, por ejemplo— hay que pensar que el fútbol es como una de esas personas que entran a un hospital después de ser atropelladas por un camión y que lo primero que se debe hacer es poner en práctica una terapia con el único objetivo de mantenerla viva. Después se podrá pensar en curarla.

Si bien el estado de cosas hace que nos permitamos ser optimistas a la hora de valorar las acciones emprendidas, no podemos obviar los señalamientos críticos. El concepto "violencia en el fútbol" engloba situaciones tan disímiles como complejas. La batería de medidas que se anuncian para el torneo que viene aparece como solución en los espectáculos deportivos, pero no contempla los casos como los denunciados por Olé, que le quitan transparencia y dignidad al fútbol. Sanciones drásticas a los dirigentes que sean cómplices de las barras bravas, castigos ejemplares a los jugadores que incurran en incumplimientos éticos, reestructuración de los campeonatos son algunas propuestas que humildemente hacemos para combatir otras suciedades que impiden disfrutar de un fútbol en paz".

De todas maneras, nada es fácil de erradicar. Después de la decisión tomada, Racing y San Lorenzo partían a jugar a puertas cerradas. Iba a pasar a la historia por ser el primero de la A en jugarse sin público en todo el profesionalismo argentino. Ese día, hinchas de los clubes en cuestión se instalaron en los portones de ambas concentraciones e impidieron que los micros partieran hacia La Plata, donde se iba a jugar el partido. La AFA tuvo que suspender el encuentro. Vergonzoso. El lema fue "Sin hinchas no se juega". Cuando uno piensa que no hay nada más por ver... siguen sorprendiéndonos. Y si los micros llegaban a salir seguramente se encontrarían con piquetes en la ruta.

Después de todo, hubo reuniones pensando en parar la pelota, pero el mensaje de la barra estaba claro. Nadie va a parar el fútbol, la barra no dejaría que le corten el negocio (reventa de entradas, estacionamiento, comercio de drogas, representación de juveniles, etc.) Cinco días después de la medida, se decidió permitir el ingreso a locales y visitantes, ósea sólo se jugó una fecha con socios. Se dijo que se aplicará duras penas como la quita de puntos para los clubes que reincidan en episodios de violencia, una vez superadas las 12 amonestaciones. Sucede algo curioso: la norma que se aplicó está contemplada en el reglamento de transgresiones y penas de la AFA y se encuentra vigente desde hace varios años. Los artículos 80 y 83 de ese reglamento determinan amonestaciones para los clubes cuyos hinchas participen en disturbios. Al llegar a 12 amonestaciones, si un club vuelve a ser sancionado, perderá los puntos que dispute en el transcurso del plazo de desafiliación. Y la quita puede llegar hasta los 30 puntos.

De todas formas, en la temporada 06/07 hay doce clubes que recibieron amonestaciones. Los más complicados eran Godoy Cruz (tenía ocho), Gimnasia La Plata (6,5), Colón (5) y Central (4). Igualmente al finalizar la temporada, volvieron a quedar limpios. Todos zafan.

A pesar que el público visitante volvió a las canchas sería un grave error dar por superada la crisis del fútbol argentino, y creer que se regresó a la normalidad. La inseguridad sigue amenazando al deporte que apasiona a todos.

Además se estableció un mecanismo de seguridad en resguardo de los jugadores en los entretiempos y se castigó a Alan Schlenker, (en aquel momento todavía coequiper de Adrián, líder de Los Borrachos del Tablón) fue condenado con una pena mínima: cuatro días de prisión en suspenso bajo la condición de no concurrir a los partidos que le quedaban a River como local (cuatro). Y además abonar $400 a una institución de bien público. Se lo culpó de haber provocado con una bandera a los hinchas de Boca, en un súperclásico.

El artículo 98 del Código Contravencional Porteño dice: "Provocar a la parcialidad contraria. Quien en ocasión de un espectáculo deportivo masivo lleva o exhibe banderas, trofeos o símbolos de divisas distintas de la propia y las utiliza para provocar a la parcialidad contraria, es sancionado/a con multa de ($200) a un mil ($1.000) pesos o arresto de un (1) a cinco (5) días".

El 19 de febrero de 2007, River decidió echar del club a los seis barras acusados de una pelea en el quincho del club. Una medida inédita en la Argentina, ya que fue la primera vez que se tomó esa disposición. En aquel momento el Monumental estaba suspendido, el club clausurado y la dirigencia sacudida por la información que destapó el escándalo por la disputa interna de Los Borrachos del Tablón. La determinación de José María Aguilar fue elogiable. El anuncio de expulsión alcanzó a Hugo Adrián Rousseau (socio 17.860/6), Alan Schlenker (18.894/6), Martín Gonzalo Acro (+), Alexis Alan Decoste, Cristian Ariel Ghisletti (tres empleados del club) y William Schlenker, este último el único no asociado. De todas maneras, el poder de Los Borrachos no se recortó: Se decía que Alan y Adrián conducían desde las sombras. Mientras, los viejos barras atentos por si se abre un hueco en la tribuna.

En el Apertura 2007, en la Argentina, sólo podrían asistir el 50% del público visitante. También se pensó implementar el carnet del hincha —como hacen clubes de Europa— donde se elaboraría una base de datos para que la policía pueda aplicar con mayor rigurosidad el derecho de admisión. Todavía no se concretó. En Paraguay, la barra organizada de Olimpia "fichó" a los de su hinchada, incluso con huellas digitales.

En México se decidió que para la temporada 2007 solo podrán ingresar hinchadas locales.

En Colombia, la Corte Suprema ratificó en febrero 2007 la condena de 10 años de cárcel impuesta por el Tribunal Superior de Bogotá sobre dos aficionados del club Santa Fe que agredieron a otros durante una trifulca. Primera vez que la Corte colombiana se pronuncia en un proceso contra integrantes de las barras bravas.

En Paraguay, la fiscalía ordenó a todos los clubes de primera división, a realizar un censo de sus hinchas. Los que comenzaron fichando a sus barras fueron Olimpia y Cerro Porteño. El fichaje se realizó en varios días, ya que muchos dudaron en aparecer. Una vez identificados, será más fácil detener a los que cometen desmanes. Lo bueno para los anotados es que podrán ingresar gratis a la cancha. Los que prefirieren no ser reconocidos deberán pagar la entrada. Esta medida comenzó a regir desde febrero de 2008.

Por otro lado, no hace mucho, investigadores holandeses también buscaron medidas y crearon un sistema sonoro añadiendo un ligero eco a cualquier expresión grotesca o violenta. Según los analistas cuando suena el retumbo, la masa se desconcentra y es incapaz de gritar al unísono. Todos ambicionamos con encontrar la solución definitiva.

Otra medida que comenzó a reinar con las eliminatorias para el Mundial de 2010 se refiere a los estadios de la Confederación Sudamérica de Fútbol, debiendo tener asientos en su totalidad. Es decir, el Defensores del Chaco del Barrio Sajonia tuvo la obligación de poner sillas numeradas también en las graderías.

Por su parte, el mandamás de la UEFA, Michel Platini reclamó la creación de una fuerza internacional dedicada especialmente a los casos de violencia relacionados con el deporte, es decir, un organismo para combatir el vandalismo de hinchas, escándalos de corrupción y apuestas. Existen ya entidades policiales para internet y para la música, pero no para el deporte.

¿SOLUCIONES?

Olé realizó una encuesta buscando soluciones (18/03/08).
Los resultados fueron:
28,4% No hay manera.
22,4% Sancionar deportivamente a los clubes.
19,9% Jugar sólo con hinchas locales.
13,8% Suspender los campeonatos.
9,3 % Jugar sin público.
6,2 % Aplicar sanciones económicas a los clubes.

En el capítulo en el que hablamos de los hooligans, dijimos que el fútbol inglés se ha vuelto en un espectáculo de un costo elevado, pero que ha excluido (por ahora) la violencia, con sistemas cerrados de TV, policías infiltrados en el público, y logrando que la palabra hooligan se haya convertido en un insulto.

A la par, los hooligans siguen existiendo y en Gran Bretaña se estudia un cambio, haciendo cargo a los equipos de los gastos para cuidar las actitudes violentas de sus barras bravas. Hasta ahora son los contribuyentes los que pagan la seguridad en las afueras de los estadios.

"El dinero que se invierte fuera de los estadios se ha convertido ya en millones y hay presión para que estos costos repercutan en los clubes de fútbol", explicó Richard Caborn, secretario de Estado para el Deporte Británico.

En Argentina rige desde 1994 (promulgada en 1993) la Ley de Violencia en los Espectáculos Deportivos, pero todo sigue igual.

Gustavo González en un publicación titulada: "Fútbol – América del Sur: Violencia sin tarjeta roja" señala que "el mandatario brasileño Lula da Silva promulgó el 15 de mayo de 2004 el Estatuto del Hincha, que establece normas de seguridad para los estadios. Sin embargo, en Brasil, como en otros países de la región, los desbordes criminales de las pasiones por un equipo de fútbol no tienen como único escenario los campos deportivos.

El sambódromo de Sao Paulo, donde compiten los conjuntos carnavalescos, sirvió de campo de batalla el 22 de febrero de 2003 para las comparsas organizadas por los clubes Palmeiras y Corinthians, con el resultado de dos personas muertas y cinco heridas graves. Ese mismo día falleció una tercera persona de un balazo en la cabeza, cuando fanáticos del club Sao Paulo atacaron a tiros a seguidores del Corinthians.

En Chile, a casi nueve años de la promulgación de la ley de Violencia en los Estadios, también el balance es paupérrimo en términos de castigos legales efectivos contra autores de delitos tipificados en esa normativa.

Uruguay se sumó al auge legalista. En 1993 entró en vigor

una norma que permite a jueces penales y de menores procesar, "con arreglo a la convicción moral", a detenidos por supuestos actos vandálicos en espectáculos deportivos.

Así, Uruguay, donde predomina la tradicional rivalidad entre Peñarol y Nacional, agregó a fines de los años 90 otro instrumento antiviolencia en su código penal, al aprobarse una ley de seguridad ciudadana que, entre otras disposiciones, obliga a los presuntos violentos a permanecer en su domicilio cuando juega su equipo preferido.

Continua González: "Colombia no tiene ley sobre violencia en centros deportivos (...) con o sin leyes, las riñas, agresiones y enfrentamientos entre miembros de distintas barras bravas o entre éstos y policías son recurrentes en el fútbol sudamericano y han dejado un saldo de víctimas muy alto".

Como leen, pasan los años, los campeonatos, pero los hechos de violencia siguen estando. ¿Encontró la solución a los crímenes en las canchas? ¿Está más seguro/a para ir al estadio? Le dije que la respuesta no estaba en este texto, y mucho menos encontramos alguna panacea para intentar erradicar la violencia del fútbol, pero es humano que sepamos de donde vienen las transgresiones para saber a donde vamos nosotros.

Tengo la esperanza que estos datos puedan contribuir a dotar de medios a todos aquellos que luchamos para lo que puede ser un extraordinario espectáculo.

La violencia en las canchas es un fiel reflejo de la sociedad y lo peor es que pululan sin obediencia. La colectividad genera desigualdades intolerables y muchas veces los excluidos encuentran en el fútbol un escape para demostrar su descontento.

Inglaterra pudo combatir hechos lamentables en las canchas, demostrando que se puede. Es cuestión de hacer las cosas bien, cada cual en su rol de persona, solamente actuando razonable y correctamente. Ese es el mensaje para las barras bravas, hinchas, dirigentes, periodistas y todos nosotros… seres humanos.

Es evidente que falta concretar un plan global, capaz de aislar y excluir a la violencia del deporte y de prácticas como las políticas y gremiales que también utilizan a las barras bravas como grupos de apoyo y de choque.

Ninguna de las grandes ideologías (cristianismo, judaísmo, etc.) puede abarcar tantas sociedades como el fútbol, este deporte maravilloso, donde es deslumbrante ver cantar a sus hinchas sanamente. El mundo está lo suficientemente complicado como para prescindir de algo que hace feliz a muchísimas personas en todo el planeta.

Cuidemos nuestras vidas que vamos a proteger al fútbol.

UN MOMENTO DE MEDITACIÓN

Este libro comenzó a darme vueltas como una vaga idea cuando tocamos el tema en la facultad de periodismo. Realmente hubo mucho que comentar aquel día, y me interesó ubicar esos hechos en un mismo lugar, en estas páginas.

A partir de entonces empecé a trabajar en la estructura y organización del texto, algo que no parecía ofrecer mayores dificultades hasta que me encontré con tantos incidentes y me di cuenta que me equivocaba.

Eso hizo tener varios intermedios hasta por fin editar el libro. El ordenamiento de temas tuvo complicaciones peligrosas al poder cometer errores de omisión o superposición. De hecho, muchos actos de violencia no fueron incluidos en este contenido.

Tampoco escribí con el fin de ganar dinero, fama, ni hacer amistades. Se trata de enriquecer la vida de personas que leen esto (usted en este momento), y al mismo tiempo de enriquecerme.

A alguien como yo, que puede decidirse a escribir sobre el

mismo tema, quiero decirle que inevitablemente va a experimentar una sensación amarga de impotencia ante semejantes lecturas.

No quiero terminar con una idea pesimista, ya que uno tiene la desagradable impresión que nada cambiará. Hagamos un último intento en nuestro interior y aferrándonos al "se puede", pretendamos encontrar el camino, que es lo único que tenemos a mano.

ANEXOS

TEXTOS ESCRITOS ESPECIALMENTE PARA ESTE LIBRO

Con el objetivo de conocer como viven el resto de los países sudamericanos con la violencia en el fútbol, colegas del continente escribieron esencialmente para este libro acerca de su lugar de origen.

La Violencia en los estadios

Felipe Guerra García, México*

Vándalos, pandilleros desalmados, contaminados por el odio y el desprecio, infiltrados entre las barras y grupos de animación, están dominando los estadios a fuerza de violencia desplazando y alejando de los escenarios a los auténticos aficionados al fútbol.

El balompié es el deporte de más influencia que atrae a las grandes masas, pero desgraciadamente, al seguidor, simpatizante o aficionado, este deporte no lo invita al autocontrol.

Por como está concebido, no es el deporte en sí, ni quienes lo practican, lo que induce al fanático a la violencia.

El fútbol, inexplicablemente, es el deporte en el que el público resulta ser más susceptible al cambio radical de su estado de ánimo en función al desarrollo del partido y al resultado.

En segundos el "aficionado", deformado en fanático, cambia drásticamente su estado de ánimo y su carácter: alegría, tristeza, impotencia, frustración, coraje, se va tornando agresivo y el cúmulo de reacciones adversas e inclusive positivas, provocan la histeria estallando la violencia.

Desdichadamente estas reacciones del individuo no son casos aislados, tampoco en lo individual. Se registran en grupos, entre la multitud que asiste a espectáculos deportivos y las pasiones se desbordan con más facilidad en el fútbol soccer.

La violencia es más común en muchos de los estadios de fútbol soccer en el mundo, donde imperan las barras bravas, donde los fanáticos generalmente con sus arengas, le dan el toque de la agresividad verbal hacia el equipo rival, hacia los fans contrarios desatándose el duelo de la palabra al hecho, suscitándose batallas campales con resultados en muchos casos trágicos.

El más reciente fue el 11 de mayo en el Estadio El Campin, durante el juego de liga del fútbol colombiano entre el Independiente Santa Fe y América de Cali en Bogotá.

Un seguidor del Independiente, Edixon Andrés Garzón de 20 años, murió apuñalado a manos de fanáticos del América; otro hincha del mismo equipo, Jasón Ruiz, fue agredido y lanzado desde las gradas al siguiente nivel por sus propios compañeros de la barra, siendo hospitalizado en estado grave.

En el mismo evento las barras provocaron una batalla campal, se enfrentaron a la policía; otros del Independiente invadieron la cancha para agredir al árbitro Fernando Paneso quien, durante el juego, había decretado un penal y expulsó a dos jugadores del Santa Fe, por lo cual lo culparon de que ganara el América de Cali 5 a 2.

Saldo: un muerto, 24 heridos, dos de gravedad, decenas de detenidos y para el colmo de todos los males, hay que agregar las absurdas "medidas drásticas" que tomaron las autoridades.

En los medios de comunicación colombiana informaron que el alcalde de Bogotá, Luis Eduardo Garzón quien, tras "condenar" los trágicos acontecimientos, advirtió que "si las barras bravas no se hacen una auto depuración, si no dan plena confianza, les prohibiremos la entrada al estadio".

Otro absurdo. Sabas Pretelt, Ministro de Interior y Justicia, "sentenció": "O cambian su comportamiento o los vamos a sacar de los estadios".

Ante tanta blandura seguramente las barras se han de haber reído de las autoridades con el "uuuy que miedo, mira como tiemblo".

¿Qué esperan? ¿Otra desgracia mayor? ¿No bastó la muerte de un hincha y los heridos para tomar acción directa, drástica y castigar a las barras por los crímenes cometidos?

¿No ha sido suficiente con lo acontecido en mayo del 2004, con la muerte de un fanático del Júnior al enfrentar a la policía, las cinco personas seguidoras del América de Cali, asesinadas en el estadio El Campin, también el año pasado?

Hay motivos de sobra para prohibir el ingreso de las barras por largo tiempo. Les faltó valor a la autoridad, ha sido mucha la tolerancia y ante la impunidad, sigue la violencia.

A lo largo de la historia del fútbol soccer, en todo el mundo se han registrado hechos sangrientos en los estadios en sus alrededores, iniciado primero por los hooligans en Inglaterra cundiendo el mal ejemplo en Europa, Asia, Medio Oriente, África y América Latina.

En México también se han registrado hechos sangrientos como el del trágico Túnel 29 del Estadio Olímpico México 68, donde murieron aplastados 7 aficionados y más de 70 resultaron heridos durante el encuentro por el título del fútbol mexicano entre Pumas –América en mayo 27 de 1985, consecuencia de sobre cupo.

Se han registrado choques, en algunos casos con saldo de heridos y detenidos, entre las diferentes barras del América, de las Chivas, de los Pumas, de Tigres, Rayados, Santos, del Pachuca entre otros seguidores de varios equipos y siguen sin disciplinarse.

De los muchos casos trágicos en el mundo a lo largo de los años citamos algunos.

El de la Copa Inglesa en 1946, recién terminada la II Guerra Mundial, se registró el primer hecho sangriento más notorio por tratarse en un evento deportivo, fue durante el juego entre el Wanderers y el Bolton, con saldo de 33 muertos y más de 400 heridos.

En América del Sur, en Lima, Perú causó conmoción mundial la tragedia por la muerte de más 300 aficionados a raíz de los tumultos registrados durante el partido entre las selecciones de Argentina y Perú el 24 de mayo de 1964.

En Grecia, el ocho de febrero de 1981, durante el cotejo entre el AEK Atenas y Olympiacos, 21 personas murieron y 50 resultaron heridos al provocarse el pánico entre los aficionados que trataban de escapar de un incidente por un acceso cuyas puertas estaban cerradas.

Una tribuna de madera del estadio Bradford en Inglaterra se incendió provocando la muerte de 52 aficionados y alrededor de 75 resultaron con graves quemaduras.

Por disturbios en las gradas que causó pánico, el 12 de marzo de 1988, murieron 70 aficionados en el estadio Katmandú en Nepal; en otro hecho, 40 murieron y 50 resultaron heridos en Sudáfrica como consecuencia de una batalla campal entre hinchas de Orlando Pirates y Káiser Chiefs el 13 de enero de 1991.

La policía de Harare, durante el juego entre Zimbabwe y Sudáfrica por la clasificación para el Mundial de Francia, lanzó gases lacrimógenos para disolver una reyerta entre aficionados en las gradas con saldo de 12 muertos y cientos de heridos por el pánico provocado.

La historia de actos vandálicos, disturbios dentro y fuera de los estadios alrededor del mundo es interminable y en estos se han visto involucrados directamente los fanáticos y las autoridades, indirectamente los futbolistas, árbitros, federativos y medios de comunicación, quienes en conjunto han sido incapaces de prevenir y controlar la violencia en los estadios.

Hemos visto los efectos en los cuales hay responsabilidad, en diferentes grados, por parte de todos los involucrados en el deporte espectáculo llamado fútbol soccer.

Felipe Guerra también hace esta comparación:

¿Aficionado o fanático?

¿Sabe cuál es la enorme diferencia entre aficionado y fanático? Muchos creen que es lo mismo. La realidad es todo lo contrario.

Afición (del lat. affectĭo, -ōnis, afección) es inclinación, amor, admiración, simpatía a alguien o a algo.

Igual se entiende por afición a la lectura, a la música, ir al teatro, practicar algún deporte sin ser profesional, etc.

Coloquialmente se dice de un grupo de personas que asiste frecuentemente a ciertos espectáculos, más común en eventos deportivos a los que tienen especial interés.

Por ende, el espectador que simpatiza y admira al equipo y al deportista, es un aficionado que anima, vibra, se divierte, festeja y motiva sin alterar su equilibrio emocional ni la de los demás, pierda o gane su favorito.

Al unirse en grupo de animación, como los porristas (mujeres y hombres) en el fútbol americano, en el béisbol, básquetbol, fútbol soccer, entre otros deportes, los integrantes animan y motivan a sus ídolos, contagian a los diemás espectadores con su entusiasmo, con cánticos, bailables, coreografía o movimientos gimnásticos.

El ánimo es una acción llena de serenidad en los sucesos prósperos y adversos, dicen los expertos.

En los deportes profesionales, la emoción es el sentimiento que expresa el espectador, como reacción a la influencia que los protagonistas transmiten con sus espectaculares actuaciones en el terreno de juego y estos, a la vez, se sienten motivados por la animación que les contagian sus admiradores desde las gradas.

Deportista y aficionado forman parte del espectáculo, desde la cancha hasta las gradas del estadio.

El constante apoyo mediante la animación, influye positivamente en sus ídolos e impresiona al equipo adversario que, hasta cierto punto, se desanima.

El gol en el fútbol soccer, un cuadrangular en el béisbol, un gran enceste en el básquetbol, el touch down sobre el emparrillado, un reñido combate en el boxeo, máxime si está en juego un campeonato o se trate de un clásico, en fin, toda acción espectacular causa animación y se expresa con el júbilo masivo en tremenda algarabía por el festejo, se vive la animación ordenada y controlada.

Pero el exceso, como en todo, rompe el equilibrio emocional y el individuo cae en el apasionamiento al extremo del insulto y la agresión.

¿Qué es la pasión? (del lat. passĭo, -ōnis, y este calco del gr. πά□θος). Es perturbación o efecto violento y desordenado del ánimo: dominado por la pasión.

Una persona apasionada suele exacerbar, irritar, alterar los ánimos, como consecuencia del fanatismo.

De la exagerada emoción surge la pasión y es fácil que se rompa el equilibrio cuando el individuo, contagiado por las masas conflictivas, es envuelto en el desorden.

Lejos de ser afición, es fanatismo y en ese estado de histeria, el individuo cae en la fase primitiva del ser humano, incapaz de razonar, presa fácil para provocar la violencia.

El fanático (del lat. fanatĭcus) "defiende" con apasionamiento y en forma desmedida creencias u opiniones, sobre todo religiosas o políticas, pero esto también se manifiesta entre seguidores de artistas y en el deporte, más frecuente en el fútbol soccer.

Ejemplos de fanatismos religiosos y políticos están los atentados terroristas en Afganistán, Iraq, Israel, Palestina, España, Estados Unidos, más reciente en Inglaterra; antiguamente las cruzadas, las batallas entre moros y cristianos; actualmente las mal llamadas guerras santas en el Medio Oriente, los choques entre extremistas musulmanes y cristianos cuando son mezclados asuntos religiosos y políticos.

Dentro del medio artístico, especialmente en el ámbito musical, los admiradores (fans) que asisten a conciertos de grupos musicales pop, de rock, de baladistas, algunos de estos extravagantes, son presa fácil del fanatismo (en su mayoría mujeres) al grado de la histeria, gritan, bailan desenfrenadamente, algunas se desmayan, otras se convulsionan por el extremo.

Esto también se da, hasta cierto punto, en el deporte espectáculo profesional, donde impera el apasionamiento.

En ambos casos desgraciadamente muchos fanáticos, jóvenes, adolescentes y lastimosamente hasta casi unos niños, están envueltos en el alcoholismo y la drogadicción.

El fanático pierde la dimensión de la realidad, hasta el grado de considerar al fútbol una religión.

Peor aún, el fanático llega al extremo de la idolatría, por ejemplo han considerando dios a un Maradona que, como futbolista, fue un fenómeno, pero como persona, en su tiempo dio mal ejemplo por su vida licenciosa envuelta en las drogas. Por fortuna, se ha estado reivindicando.

El seudo aficionado (fan) a los grupos musicales y baladistas, así como al deporte profesional, principalmente al fútbol, por su fanatismo y apasionamiento, en segundos pasa por varios estados de ánimo.

Sufre un cambio radical en su conducta, de la alegría a la tristeza, al enojo, al arrebato, al llanto, a la histeria, caen en el desequilibrio emocional hasta llegar a la violencia sin medir las consecuencias y, peor aún, no sienten remordimiento.

Es común que los fanáticos se desgarren las vestiduras ante la adversidad; desbordan sus enojos y hasta sus alegrías con el vandalismo, cualquier pretexto es motivo para llegar al desmán.

Sufren una mezcla de sentimientos encontrados. No hay

autocontrol, no hay capacidad para el dominio de sí mismo por carecer de disciplina, poco razonamiento y por estar sumidos en una subcultura que no les permite tener clara conciencia.

Personas con esta conducta tan disparatada, en su mayoría forman parte de las mal llamadas barras y por añadidura las califican bravas.

En Argentina, tanto medios de comunicación como la sociedad, definen a las "barras" como grupos de individuos fanáticos de un equipo de fútbol que suelen actuar con violencia.

Barra, en realidad, en su exacta definición y que ha existido muchos años antes de las que ahora forman los apasionados fanáticos, es un grupo duradero de amigos que, en sociedad, comparten intereses comunes con sanos propósitos. Tenemos por ejemplo la barra de abogados, de médicos, ingenieros, de grupos políticos, etc.

Pero las "barras bravas", desde las Malvinas hasta Canadá, de Asia a Europa, de Oceanía al Medio y Lejano Orienta, en África, en las islas del Atlántico y el Pacífico, están integradas por una mayoría de fanáticos adictos.

Sus integrantes suelen atacar con violencia a quien se atreva a criticarlos, no permiten ni toleran el mínimo señalamiento por sus malas conductas.

Impera entre muchos de ellos la cobardía, toda vez que aprovechan las masas y el anonimato para cometer sus fechorías dentro y fuera de los estadios.

Qué diferencia a las porras formadas por amigos y familias, grupos de partidarios que apoyan animosamente a los suyos y cuando rechazan a los equipos contrarios lo hacen con orden y respeto.

Hay mucha diferencia entre aficionados (que por fortuna son la gran mayoría) y fanáticos que, siendo minoría, provocan mucho daño.

El mal está desde sus orígenes, en la deformación por la mala influencia, en otros casos hasta provocados por algunos medios de comunicación que, por el afán de lograr mayor audiencia acuden al amarillismo mediante el libelo mediático que contaminan al individuo.

*Periodista deportivo del Grupo Acir México, Univision TV Y ESPN Radio para Miami y Los Ángeles. Autor de Don José Maiz Mier Constructor de su Propio Destino (2002) y de Chabelo Jiménez, un Cronista Inmortal (2007).

Manchas en el fútbol venezolano
Eliézer Pérez Pérez, Venezuela**

¿Violencia en el fútbol venezolano? Aunque no es el pasatiempo favorito de los venezolanos, a la hora de escribir sobre actos vandálicos en las gradas hay que revisar cuatro casos.
Pero antes de entrar en detalles, es bueno hacer una relación sobre aquellas grandes rivalidades del fútbol venezolano que no generaron episodios violentos.
El fútbol venezolano de principios y mediados del siglo XX

fue, prácticamente, de los caraqueños con los estadios San Agustín y Nacional a reventar cada vez que jugaban Loyola-La Salle, Deportivo Español-Deportivo Vasco y Dos Caminos-Unión (años 30 y 40). Esta era la llamada "época de oro del fútbol venezolano".

La Segunda Guerra Mundial y la Guerra Civil Española provocaron el éxodo de muchos europeos hacia América, por lo que unos cuantos italianos, portugueses y españoles se instalaron en Venezuela y promovieron la práctica del fútbol durante la llamada "época de las colonias".

Por tanto, fue muy común en los años 50, 60 y 70 ver a un estadio Olímpico repleto para los choques entre Deportivo Español, Deportivo Galicia, Unión Deportiva Canarias, Deportivo Italia y Deportivo Portugués.

Eran tardes y noches de reuniones familiares sin gritos, ni cánticos ni pancartas ofensivas hacia el rival. Si acaso, una que otra consigna de apoyo hacia su equipo, o una frase de burla hacia el rival, pero sin llegar a los golpes ni a la intervención policial en las gradas.

Porque era eso, una reunión familiar, en el que los aficionados acudían a los estadios después de un día de trabajo (si el juego era entre semana), o luego de la misa dominical. Además, era un fútbol relativamente aficionado en el que no había mayor exigencia de parte de fanáticos, patrocinadores o premios al final de la temporada.

Luego, desde finales de los años 70, todos los 80 y ya con la época del fútbol colonial en declive, las rivalidades que encendían las pasiones en las tribunas fueron Portuguesa-Estudiantes de Mérida (el clásico llano-andino) y Unión Atlético Táchira-Club Sport Marítimo (andes-capital).

Caso 1: Acorazado rodeado

En la campaña 1988-89, Marítimo y Táchira escribieron una de las tantas páginas de su rivalidad en el estadio Pueblo Nuevo de San Cristóbal.

Empataron 1-1 por la jornada 28 y entre ellos se decidiría el título de campeón. El bus que transportó al Acorazado Rojiverde (como era conocido el club capitalino) fue rodeado por fanáticos enardecidos que causaron varios daños al transporte. Luego de semanas de reclamos, la directiva del elenco "portugués" pidió una indemnización por los daños y los andinos fueron multados. Al final, ambos equipos quedaron con 30 puntos en la clasificación, fueron a un desempate y Marítimo ganó 2-0 para proclamarse campeón.

Caso 2: El autobús fue invitado a jugar y lo quemaron

Era la final del torneo Apertura 2000 en la que se disputó la Copa República Bolivariana de Venezuela. Caracas FC había ganado el grupo oriental y Deportivo Táchira fue el mejor de la zona occidental.

El juego de ida se disputó en la ciudad de Maracay, a media hora de la capital, y Caracas se impuso 2-1 con goles de Héctor "Turbo" González (m37) y Jorge "Zurdo" Rojas (m85). Wiswell Isea (m27) marcó por la visita.

El encuentro de vuelta se disputó el 17 de diciembre de 2000 en el estadio Pueblo Nuevo de San Cristóbal.

El Carrusel Aurinegro, como es conocido el equipo tachirense, tomó la delantera con dos tantos del argentino Claudio Rivadero (m11 y m52), pero los Rojos del Ávila dijeron presente con el brasileño Ederlei Pereira (m76).

Pero cuando todo parecía indicar el camino de la prórroga, surgió la genialidad de Stalin Rivas, al minuto 89, cuando dribló a par de enemigos al borde del área y aprovechó la salida del portero Gilberto Angelucci para el empate.

El 2-2 era más que suficiente para que los capitalinos alzaran el título de campeón, mientras que los fanáticos locales se resignaban a ver como Rivas y el resto de sus compañeros festejaban el tanto del empate.

Minutos después, un pequeño grupo de los 18.000 fanáticos asistentes lanzó piedras y botellas de vidrio al banco de suplentes del Caracas, mientras que el delantero Juan García, típico en él cada vez que gana un título, empezaba a dar la vuelta olímpica al estadio de San Cristóbal, pero de rodillas.

Al final, no pudo, pues muchos fanáticos saltaron al terreno de juego para enfrentarse a los cuerpos de seguridad y atacar a los jugadores visitantes.

Efectivos de la Guardia Nacional, unos 120 policías y 60 funcionarios vestidos de civil poco pudieron hacer para evitar este acto de vandalismo.

Posteriormente, el autobús que transportó al club visitante fue saqueado con todas las pertenencias de los jugadores, secuestrado, conducido al centro del estadio y allí mismo se le prendió fuego.

Los jugadores, entre tanto, llegaron con un "Cristo en la mano" a los camerinos y permanecieron encerrados allí durante casi tres horas (hasta las 9:00 de la noche) cuando un camión los recogió y los llevó hasta el hotel Tamá de San Cristóbal bajo fuertes medidas de seguridad.

Al final, el estadio Pueblo Nuevo fue suspendido por tres fechas, la directiva del club andino debió cancelar cerca de 150.000 bolívares de multa, mientras que los Rojos del Ávila todavía esperan el pago del autobús.

Caso 3: Mismos actores, distinto campo de batalla

En el torneo Apertura 2006 sucedieron otros dos hechos lamentables. El domingo 29 de octubre en el estadio Brígido Iriarte, Caracas FC enfrentaba al Deportivo Táchira.

Los capitalinos se adelantaron con el colombiano Habinson Escobar (m56), pero los fronterizos reaccionaron al final con Anderson Arias (m85) y Javier Campos (m90).

Ese tanto, el del 2-1, fue celebrado por los jugadores andinos frente a los aficionados capitalinos, quienes lanzaron objetos contundentes y explosivos hacia el terreno de juego. El árbitro José Luis Hoyos suspendió el juego sin dar el tiempo de reposición.

Además, la situación se complicó cuando agentes de la Policía Metropolitana efectuaron disparos y cerca de 14 personas resultaron heridas.

Al final, el Consejo de Honor de la Federación Venezolana de Fútbol multó al Caracas FC con 1.500.000 bolívares (697 dólares) por la conducta indebida de sus aficionados.

Caso 4: Por un botellazo

Casi un mes después, pero en el estadio José Antonio Páez de Acarigua, el autobús y los jugadores del Caracas FC fueron agredidos por un reducido grupo de fanáticos del Portuguesa FC.

¿Las razones? Los Rojos del Ávila ganaron 1-0 con gol de Franklin Lucena y el portero Javier Toyo rechazó par de tiros penales al equipo local.

El público, visiblemente enojado, comenzó a lanzar botellas de vidrio al terreno de juego. Ever Espinoza, del equipo visitante, agarró una de ellas y la lanzó hacia fuera del campo, con la mala suerte que hirió a un recogepelotas, lo que empeoró la situación.

Al final, el autobús del equipo visitante fue atacado con piedras y botellas por parte de los fanáticos locales.

Días después, el Consejo de Honor de la Federación Venezolana de Fútbol suspendió el estadio José Antonio Páez de Acarigua, aplicó multas para la directiva del equipo local y exigió a la directiva del equipo llanero un informe en relación con el orden público, venta de bebidas alcohólicas en botellas de vidrio y agresión al transporte del club rival.

Del otro lado, los jugadores Ever Espinoza y Euro Guzmán, más el preparador físico Rodolfo Paladín, fueron inhabilitados preventivamente.

**Periodista deportivo del diario *Últimas Noticias* (Caracas, Venezuela). Autor de los libros *De Montevideo a Seúl* (2002), *De Montevideo a Munich* (2006) y *80 Tragos de Vinotinto* (2006). Integrante de la www.rsssf.com

ANEXOS II

¿QUE DICE LA LEY EN PARAGUAY?

La ley del Deporte se refiere a la violencia en el Capitulo III con tres artículos:

Artículo 71ª.- La prevención de la violencia en los espectáculos deportivos es responsabilidad del estado y de las entidades deportivas, en los términos que establezca esta Ley y las leyes especiales.

Artículo 72ª.- La Secretaria Nacional de Deportes determinará reglamentariamente las funciones que deberán cumplir las entidades deportivas reconocidas para la prevención de la violencia en los espectáculos deportivos.

Artículo 73ª.- A los efectos de la prevención de la violencia en los espectáculos deportivos, se estará a los dispuesto en la Ley de Prevención de la Violencia en los Espectáculos Deportivos.

LEY N° 1.866/02

POR LA NO VIOLENCIA EN LOS ESTADIOS DEPORTIVOS
EL CONGRESO DE LA NACIÓN PARAGUAYA SANCIONA CON FUERZA DE LEY

Artículo 1°.- Esta ley establece las normas de conducta que deben ser observadas por las personas en los estadios deportivos y zonas aledañas.

Artículo 2°.- A los efectos de esta ley, se entenderá por:

a) Estadios Deportivos: los lugares abiertos al público en los que habitualmente se practican deportes en cualquiera de sus diferentes modalidades.

b) Zonas Aledañas: los lugares públicos que se encuentran dentro de un radio de 500 metros de los estadios deportivos de la capital y área metropolitana, y de 200 metros de los estadios deportivos del interior de la República.

c) Hinchas Organizados: los aficionados agrupados u organizados en barra.

Artículo 3°.- Prohíbese el ingreso a los estadios deportivos o la permanencia en las zonas aledañas, a toda persona que se encuentre bajo los efectos del consumo de bebidas alcohólicas o de estupefacientes y demás drogas peligrosas.

Artículo 4°.- En los estadios deportivos y zonas aledañas se estará a lo dispuesto en la Ley N° 1642, promulgada el

20 de diciembre de 2000, "Que prohíbe la venta de bebidas alcohólicas a menores de edad y prohíbe su consumo en la vía pública".

Los comercios ubicados en las zonas aledañas a estadios deportivos, aunque estén habilitados para el efecto, no podrán expender, vender o entregar bebidas alcohólicas desde tres horas antes y hasta la terminación de los eventos deportivos.

Artículo 5°.- Prohíbese la portación de armas de cualquier tipo, o su tenencia en automotores, en los estadios deportivos y zonas aledañas.

Artículo 6°.- Quedan prohibidos en los estadios deportivos:
a) el ingreso de petardos o bombas de estruendo, así como también activarlos o hacerlos explotar. Esta prohibición rige también para las zonas aledañas;
b) la introducción de elementos cortantes o contundentes que puedan poner en peligro la integridad física de los deportistas, atletas, árbitros y de espectadores o aficionados en general;

c) la entrada de personas disfrazadas o con afeites, pinturas o atuendos que puedan dificultar o impedir su identificación;

d) el ingreso de banderas, carteles, pancartas o elementos gráficos que atenten contra la moral, las buenas costumbres y la convivencia pacífica y que no condigan con el espíritu de un espectáculo deportivo, así como los que sean símbolos de partidos o movimientos políticos; y,

e) la quema de banderas o símbolos que representen a

entidades deportivas, así como las agresiones físicas. Esta prohibición rige también para las zonas aledañas.

Artículo 7°.- El ingreso y permanencia en los estadios deportivos y zonas aledañas de los hinchas organizados deberán realizarse de manera ordenada y en la forma que determina esta ley.

Artículo 8°.- Para el ingreso a los estadios deportivos y a las zonas aledañas de hinchas organizados y la permanencia de ellos en dichos lugares se requieren:

a) que sus integrantes hayan cumplido diecisiete años de edad;
b) que estén registrados y empadronados como tales en la entidad deportiva en cuestión; y,

c) que cuenten con cédula de identidad y con un documento de habilitación como hincha organizado, otorgado con la firma del presidente y un secretario del órgano rector de la entidad deportiva de que se trate.

Artículo 9°.- Las entidades deportivas deberán llevar un registro en el que queden debidamente individualizados sus hinchas organizados, con sus nombres completos, domicilio, fotografía y número de cédula de identidad. Los datos que consten en dichos registros deberán ser informados a las máximas entidades rectoras de cada modalidad deportiva y a la Policía Nacional, informes que serán actualizados trimestralmente.
Las entidades deportivas podrán cancelar el registro

de cualquier integrante de los hinchas organizados por transgredir las disposiciones de la presente ley.

Artículo 10.- Las entidades deportivas podrán establecer espacios determinados en sus estadios deportivos, de modo permanente o transitorio, para que se ubiquen los hinchas organizados, en cuyo caso éstos deberán situarse en ellos so pena de ser expulsados del estadio.

Artículo 11.- Las máximas entidades rectoras de cada modalidad deportiva podrán establecer el turno de entrada y salida de los hinchas organizados, a fin de que se produzcan en orden y sin situaciones conflictivas.

Artículo 12.- Las entidades deportivas serán solidariamente responsables por los actos ilícitos cometidos por los miembros de sus hinchas organizados, dentro de los estadios deportivos y zonas aledañas.
Cuando los actos ilícitos provengan de la conducta colectiva de los hinchas organizados, éstos quedarán suspendidos y no podrán ingresar a los estadios deportivos y zonas aledañas por el término de noventa a ciento ochenta días.

Artículo 13.- Las firmas, marcas, gerenciadores o empresas que actúen como patrocinadores o sponsors de entidades deportivas, estarán habilitados a rescindir sus contratos con dicha entidad, siempre que sea como consecuencia de conductas graves o reiteradas de integrantes de los hinchas organizados de la misma institución.

Artículo 14.- Establécense las siguientes penalidades:

a) los que infrinjan lo dispuesto en el Artículo 5° de esta Ley, sufrirán pena privativa de libertad de cuatro a ocho meses, más la prohibición de su ingreso a los estadios deportivos por el término de ocho a doce meses y el decomiso de los objetos mencionados en dicha norma;

b) los que contravengan el inciso a) del Artículo 6° de esta Ley, serán sancionados con inhabilitación para concurrir a los estadios deportivos por el término de treinta a noventa días y el decomiso de los objetos mencionados en dicha norma;

c) los que incumplen la disposición del inciso b) del Artículo 6° de esta Ley, sufrirán pena privativa de libertad de cuatro a ocho meses, más la prohibición de su ingreso a los estadios deportivos por el término de noventa a ciento ochenta días y el decomiso de los objetos mencionados en dicha norma;

d) los que transgredan el inciso c) del Artículo 6° de esta Ley, serán sancionados con inhabilitación para concurrir a los estadios deportivos por el término de treinta a sesenta días;

e) los que infrinjan lo preceptuado en el inciso d) del Artículo 6° de esta Ley, serán sancionados con inhabilitación para concurrir a los estadios deportivos por el término de treinta a noventa días y el decomiso de los objetos mencionados en dicha norma; y,

f) los que contravengan el inciso e) del Artículo 6° de esta Ley, sufrirán pena de inhabilitación para concurrir a los estadios deportivos por el término de treinta a noventa días.

Artículo 15.- El que por medio de actos materiales, impida o interrumpa aunque sea momentáneamente la realización de espectáculos en los estadios deportivos, será castigado con pena privativa de libertad de seis a doce meses, a más de la prohibición de ingresar a los estadios deportivos por el término de tres a cinco años.

La pena privativa de libertad se elevará de uno a tres años cuando porte armas el que impida o interrumpa la realización de espectáculos en los estadios deportivos.

Artículo 16.- El que no acate la indicación emanada de la autoridad pública competente, tendiente a mantener el orden y organización del dispositivo de seguridad, será sancionado con prohibición de concurrencia a los estadios deportivos por el término de treinta a noventa días.

Artículo 17.- Las personas que en los estadios deportivos o zonas aledañas se encuentren bajo los efectos de bebidas alcohólicas o de estupefacientes o demás drogas peligrosas, serán alejadas y puestas fuera de la zona de seguridad, si otras disposiciones legales no determinan algún procedimiento especial.

Artículo 18.- El órgano judicial podrá disponer todas las medidas necesarias para asegurar el cumplimiento de las sentencias que imponen la prohibición de concurrir a estadios deportivos y zonas aledañas.

Artículo 19°.- Comuníquese al Poder Ejecutivo.

Aprobado el Proyecto de Ley por la Honorable Cámara de

Senadores, a ocho días del mes de noviembre del año dos mil uno, quedando sancionado el mismo por la Honorable Cámara de Diputados, a siete días del mes de marzo del año dos mil dos, de conformidad a lo dispuesto en el Artículo 206 de la Constitución Nacional.

Juan Darío Monges Espínola Juan Roque Galeano Villalba
Presidente Presidente
H. Cámara de Diputados H. Cámara de Senadores

Juan José Vázquez Vázquez Alicia Jové Dávalos
Secretario Parlamentario Secretaria Parlamentaria
Asunción, 15 de marzo de 2002

Téngase por Ley de la República, publíquese e insértese en el Registro Oficial.

El Presidente de la República
Luis Ángel González Macchi

Francisco A. Oviedo Brítez
Ministro del Interior

PARA SEGUIR LEYENDO

BIBLIOGRAFIA

- Pablo Alabarces, Ramiro Coelho, José Garriga Zucal, Betina Guindi, Andrea Lobos, María Moreira, Juan Sanguinetti y Angel Szrabsteni - Aguante y Represión.
- Sergio Levinsky - El Deporte de Informar — Editorial Piados, 2002.
- Gabriela Binello, Mariana Conde, Analía Martínez y Maria Rodríguez, Mujeres y fútbol: ¿Territorio conquistado o a conquistar?
- Jorge Valdano - El miedo escénico y otras hierbas.
- Historia del Fútbol Argentino, El Gráfico. Director de la Colección: Juvenal.
- Eduardo Galeano – El Fútbol a Sol y Sombra – Edición impresa al amparo del dec. 218/996.
- Enrique Wolff - Simplemente Fútbol – Ameghino, 1997.
- Juan José Sebreli – La Era del Fútbol, Sudamericana, 1998.
- Sibila Camps y Luis Pazos – Justicia y Televisión. La Sociedad Dicta Sentencia – Libros Perfil, 1999.
- Dante Panzeri – Fútbol, Dinámica de lo Impensado- Buenos Aires, Ediciones Pasco, 2000.
- Pierre Boudieu – Sobre la TV – Anagrama, Barcelona, 2000.
- Jorge Rial - El Intruso – Planeta, 2001.
- Héctor Vega Onesime – Memorias de un periodista deportivo – Ediciones B Argentina, 2003.
- Carlos Ulanovsky, Marta Merkin, Juan José Panno y Gabriela Tijman. – Días de Radio, Emecé Editores, 2004.
- Eliézer Sebastián Pérez Pérez – De Montevideo a Munich – Editorial Melvin C.A., 2006.
- Oscar Barnade y Waldemar Iglesias - Mitos y creencias del fútbol argentino -Ediciones Al Arco, 2006.

HEMEROGRAFIA Y OTRAS FUENTES

- Agencia de Noticias EFE.
- Diario ABC.
- Diario Última Hora.
- Diario Popular.
- Diario La Nación Paraguay.
- Diario La Nación Argentina.
- Diario Clarin.
- Diario Ole.
- Periódico EKOS de Ituzaingó.
- Revista Digital Efdeportes.com:
  - ¿Quiénes hacen un partido de fútbol? Juan Fernando Rivera Gómez, Año 10 - N° 86 - Julio de 2005.
- El Gráfico.
- Gente.
- Un Caño.
- Libertad Digital – España.
- Portal Colombia.com – El por qué de la Violencia.
- Sin novio ni épica: breve arqueología del aguante (madre de todas las cosas) (II) Amir Hamed.
  - Publicado originalmente en la Revista Iberoamericana Enero/Marzo 2003 VOL. LXIX (pp 15 a 29).
- Suplemento Especial sobre Violencia del Diario Clarín en Mayo de 2000.